后浪出版公司

マッキンゼー流入社1年目
ロジカルシンキングの教科書

麦肯锡
入职培训第一课

[日] 大岛祥誉／著

颜彩彩／译

中原出版传媒集团
中原传媒股份公司

大象出版社

· 郑州 ·

目 录

　　开头我想讲一下个人的事情。我本人并不是热衷于"逻辑思考"的人。相对来说，我更属于重视"直觉"和"好状态"那种以个人感受为重的类型。既然如此，为什么我要在麦肯锡这种公认的"逻辑思维"权威场所进行学习，之后又为什么当了咨询顾问，从事高管教练这种跟"逻辑思考"密不可分的工作呢？

　　我自己也觉得不可思议，想来应该是在麦肯锡体验的"逻辑思考"非常有创造力的缘故吧。那种要创造出"适合自己的答案"和"独特见解"的姿态，给人感觉就像周围弥漫着创造性空气一般。

　　如同"零基思考"[①]这种象征性的词语一样，"逻辑思考"就是在保留过去的经验和见识的同时，保持单纯而不被束缚的心态，认为"这个不错"就用它来吸引大家，做有价值的输出，这是"理所应当"的。我认为"逻辑思考"的目的，就是

---

① 零基思考（Zero Thinking）是从零基预算（Zero Base）一词中借用过来的。零基预算是不受限于过去的成绩或习惯，从零开始思考。零基思考是指在流程再造过程中，忽略现有流程的存在，而从所期望达到的目标出发，重新思考并设计流程。——编者注

打造只有那个人才能做到的创新思维和工作。刚进入社会时，正因为我被灌输了这条基本思想，才会觉得像我这样感性的人也可以具备"逻辑思维"。

将"逻辑思维"作为武器，可以让自己的思路清晰，产生创造性思维，也会让更多人认为"这个不错"，赞同你的想法。

大家怎么认为呢？应该会有很多人觉得"逻辑思维"听起来只是一个框架而已，还特别晦涩难懂，很难入手。也有人觉得"逻辑思维"是让困难的内容"听起来条理分明"。有的人说的话虽然很正确，但却无法让人认同。没有人想跟这样的人交流吧。本书中所述的内容不会让你出现这种问题，我们提供的是能够提高大家魅力和价值的思考术和行动指南。

真正的"逻辑思考"，是提出方案和行动，让对方产生兴趣："这个不错！是怎么做到的？"

那么接下来就让我们进入"逻辑思考"的引言部分吧。

让逻辑思考带来一帆风顺的人生

女性喜爱的礼物中的陷阱

三十多岁的 K 姓夫妇都是白领，今年是他们结婚三周年。

丈夫 K 先生在广告公司工作，一直非常忙碌，经常忙到深夜才回家。

快到结婚纪念日了，K 先生在最后一班电车上，用智能手机看着网上的"女性喜爱的礼物排行榜"，其中首饰排在女性喜爱的礼物第一位，他立马想到了自己的妻子。

第二天，K 先生下班后来到首饰店，为妻子买了一条可爱的项链。（最近都没有一起出去购物，这一定会让她大吃一惊的。）

结婚纪念日当天晚上，K 先生仍然勉强才赶上最后一班电车，想象着妻子喜悦的表情，把作为惊喜的项链盒子给了妻子。

然而——

妻子虽然说了"谢谢"，但跟 K 先生的预想不同，她并没有表露出很高兴的样子。

这究竟是为什么呢？大家是不是也有过类似的经历？为对方着想而做的事、说的话，不知为什么并没有被接受。本以为绝不会出错，但却并没达到效果，这让自己非常后悔。

更有甚者还会多想："她真的明白我的意思吗？"反而让自己陷入不安的情绪中……

那么，如何才能让自己认为好的事物正确传达给对方，让对方欣然接受呢？

这本书，会针对"明明很正确，但实行起来却并不顺利"的现象进行剖析，让很多事物更加准确地传达给对方，有逻辑性地推论出"正解"。

说得更通俗一些，就是探讨如何让自己所想、所说的事情，更容易让对方带着笑容点头说"不错"。

回到刚才 K 先生的例子上。

其实在几周前的一天，K 先生比平常稍微早一点回到家时，妻子给他看了一个流行讯息的网站，眼中闪动着光，说："你看，这个项链好看吗？"

K 先生想起这件事情，就一厢情愿地认为：妻子想要的是项链，如果自己买来当作惊喜送给她，一定可以赢得她的欢心。

首饰排在女性喜爱的礼物排行榜前列→妻子在网上看过项链→结婚纪念日就买项链当作惊喜礼物送给她吧

　　K先生一定是经历了这个思维过程，才认为这样会让妻子高兴的。的确，很多女性都喜欢首饰，看到闪闪发光的首饰，眼睛就会放光。K先生的妻子在网上看到项链，觉得很喜欢，这也是事实。但假如比起项链来，她更在意的是"丈夫的事情"呢？

　　事实是，最近K先生非常忙碌，两个人共处的机会很少，因此妻子希望在结婚纪念日当天跟丈夫好好说说话，项链的话题也许只是她想展开对话的引子而已。两个人每天都很忙，因此那天看到K先生比平时早回家，两个人有说话的时间，她就高兴了起来。结婚纪念日当天，妻子也很期待丈夫能早一点回家……但是当天K先生比平时回家的时间还要晚了一些，如果以上假设都是事实，那么"把女性喜爱的礼物排行榜第一位的首饰作为惊喜送给她时，妻子会很高兴"这个推论就不再成立了。

　　那么，K先生面临这种情况的"正确做法"应该是什么呢？

批判性思考，逻辑性展开

　　妻子在结婚纪念日当天收到项链作为礼物，自然是会"高兴"的，从让妻子高兴的角度来看，这个选择无疑是正确的。

但是如果妻子在结婚纪念日期望得到的是两个人一起说话的时间，那比起项链来，更合适的答案就会变成K先生说"一直以来都很感谢你，我现在过得非常幸福。我们俩坐下来好好吃顿饭、说说话吧"。

我们往往对越亲近的人，越无法把自己"真正在想的事情"和"想让对方做的让我开心的事情"直接传达给对方。

咦，这书原本是介绍在商界使用的逻辑思维的书，怎么会扯到男女交流的事情上去呢？

可能会有人产生这种疑问，但事实上这种"感觉很正确，但其实却并不如人愿"的现象，在交易现场、与客户的交往和职场中都经常发生，我们往往会认为这是表达方式的问题，根本无法解决。

在职场和交易过程中的表达方式问题，其实如果看成是"逻辑思考"不足，就会有新的应对手段。

"那个人说的话虽然很对，但总是让人觉得哪里不对劲。"

"一直想说的话没有传达到位，非常后悔。"

"我明明努力做了，为什么总是不行？"

"这么简单的事情都不明白吗？我说的意思你明白吗？上司总是对我摆出困惑的样子。"

"我想让你做的，和你的提案完全不一样，真是不知道为什么，太让我意外了。"

在我们周围，经常会听到这样的话。

因为在日常生活中太常听到了，所以你可能会无意识地认为这些都是"没办法的事情"。

虽说如此，但我们也都像K先生一样，尽量想让对方高兴，想把想法顺利传达出去，想让对方充分理解自己，没有人期望得到适得其反的效果。

既然如此，为什么会有这么多"不顺利"的事情发生呢？

让我们再来回顾一下K先生的思考和行动吧。

"首饰排在女性喜爱的礼物排行榜前列"【前提条件】

"妻子在网上看过项链"【调研观察】

"把项链当作惊喜送给她作结婚纪念日礼物吧"【结论行动】

乍看上去仿佛都是按照逻辑思考展开的。但是"首饰排在女性喜爱的礼物排行榜前列"这个【前提条件】，真的适合K先生的妻子吗？

K先生最开始在网上看到的"女性喜爱的礼物排行榜"，实际上可能是以单身女性为对象的。

如果调查是以已婚女士为对象，可能会有不一样的结果，比如，比起物质的礼物，更希望对方说出"自己的存在给对方带来了幸福"这样的话语，更希望听到确认"自己受到重视"的话。

但像这种"内心深处的真正想法、感情"，几乎是不会在日常生活中表露出来的。说得更夸张一点，当事者本人也可能没有意识到自己真正的想法。

在这种情况下，把表面的情况与眼前的信息作为"前提"，没有看透真正的情况，不进行"深层洞察"就得出结论和行动，就会发生"本不应该是这样"的"悲剧"。

我们平时基本上都可以在经过逻辑思考后做出行动，再稍微加上一点"深度"，就可以在很多场合下得出最合适的"正解"了。

这个逻辑思考的方法正是我想传授给大家的。

这本书是为应对商务人士在工作和生活中的种种问题而设的逻辑思考术，在这本书中我把在麦肯锡学到的精华用通俗易懂的方式表达出来，让读者能够轻松掌握。

究竟"逻辑思考"是指什么样的思考呢？大家一起来思考一下吧。

这里所说的逻辑思考是指批判性思考（通过深刻洞察来得出自己的想法）和逻辑性展开（用简单易懂的方式表达）。逻辑思考的基本要点，就只是这两点。

逻辑思考的本质看上去很简单，其中却蕴含着非常重要的观点。比如批判性思考（通过深刻洞察来得出自己的想法）是非常重要的，是否有"批判性思考"，决定了别人是否会说"这个不错"，是恍然大悟还是一头雾水。

从深刻的洞察得出自己的想法，这一点最接近逻辑思考的本质。

逻辑思考不是只套用"公式"一类的东西就可以形式化的。

如果社会上所谓的"逻辑思考"是指先想到一个答案，然后再对这个答案进行逻辑验证，看这个答案中有没有矛盾和错误，那么麦肯锡的"逻辑思考"，则通常就会用零基思考和假设思考，在当下场合创造性地打造正中靶心的"新答案"。

思考过程中每个人的"感觉"不同，得出的结论也不同，非常有趣，麦肯锡将这种由"引人注意的思考"创造出新价值的情况称为"性感"。这本书就把这种既性感又容易让人理解的"批判性＋逻辑性"（深刻又便于理解）的思考称为"逻辑思考"。

随着阅读的深入，大家就都能掌握如何在各种不同的情况下运用逻辑思考的"可行／不可行"，来左右我们自己的选择。

不夸张地说，这种积累可以让人得到"自己期望的东西"。

马上来学习"麦肯锡逻辑思考术"吧，让深刻的洞察力为你带来一帆风顺的人生。

第 1 章

逻辑思考并不难！

逻辑思考的入门课

- 没有香气的咖啡豆是不会吸引人的
- "逻辑思考"究竟有什么用？
- 逻辑思考和天生的好头脑没有关系？
- 越会工作的人，越重视对人的"逻辑思考"
- 目标不是我的价值（My Value），而是我们的价值（Our Value）
- 真正的逻辑思考，会改变大家的行动
- 在所谓的商界"逻辑思考"很有必要
- 真正的"决断"魔力是很恐怖的
- 世上所有事都可以用逻辑切入
- 带着"零基思考"的意识去生活
- 为什么只靠"逻辑性"是不行的

1.1　没有香气的咖啡豆是不会吸引人的

最初的灵光一闪可能让你感觉很妙，但结局却不尽如人意，看来只依靠直觉还是不行。

你是否也有过这样的后悔经历呢？我反正有过。有时也谈不上后悔，只是觉得可以有更好的方法。每到这种时候，都会对自己浅薄的思想进行反省。

但是，依靠"灵光一闪"和"直觉"的行动，真的是错误的吗？在商业世界中"灵光一闪"和"直觉"产生的想法真的很难实现吗？

史蒂夫·乔布斯曾经这样说过："不要让他人的观点掩盖你内心的声音。最重要的是，要有勇气追随自己的内心和直觉。"

对在电子商务世界被视为"神"的乔布斯来说，创造性工作的原点正是"灵光一闪"和"直觉"。这些"非逻辑"的感觉，具有很重要的意义。

按史蒂夫·乔布斯的话来说，"灵光一闪"和"直觉"在商业社会中不应被抛弃，恰恰相反，它们是工作中十分重要的部分。更重要的是，将"灵光一闪"和"直觉"灵活转化为自己的武器，并让周围人都认可。

不过我们不能只将"灵光一闪"和"直觉"原封不动地表达出来，而要稍微"深入"探究一下，这才是关键所在。请牢记，这个思考过程是"逻辑思考"的基本要点。

"好的直觉"就好像生咖啡豆一样。喜欢喝咖啡的人，或者在咖啡店打过工的人可能知道，烘焙前的咖啡"生豆"跟一般人印象中的咖啡豆不同，是没有香味，也没有颜色的。

生豆颜色发白，几乎没有味道（部分种类带有一点果实的甜味），平时不喝咖啡的人看到它们可能会问："这是什么？"

这样的"生豆"经过烘焙，会散发出咖啡独有的浓郁香气，然后才会让人明白："啊，这原来是咖啡啊。"同理，把"好的直觉"原样传达给对方，是无法表达它的真正价值的。

我们自己可以理解"好直觉"的价值。但原封不动地传达给对方，就好像给他们生咖啡豆一样。接到生豆后，对方恐怕会露出困惑的表情，甚至可能不会收下它。

因此，要让对方接受这来之不易的"好直觉"，就必须要经过烘焙这一步骤，也就是"逻辑思考"。

"逻辑思考"相当于对思考进行烘焙，说起来其实不难。我们并不是什么学者，无论在商业领域还是私人领域，都需要把自己的想法更清晰明确地传达给对方，得到对方"这主意不错"的称赞。这并不用写几百篇论文才能做到，也不需要花太长时间。

麦肯锡的"真正的逻辑思考"是"批判性思考（通过深刻洞察得出自己的想法），逻辑性展开（用简单易懂的方式表达）"，至于具体的思考过程，通过接下来的3个步骤，人人都能掌握。

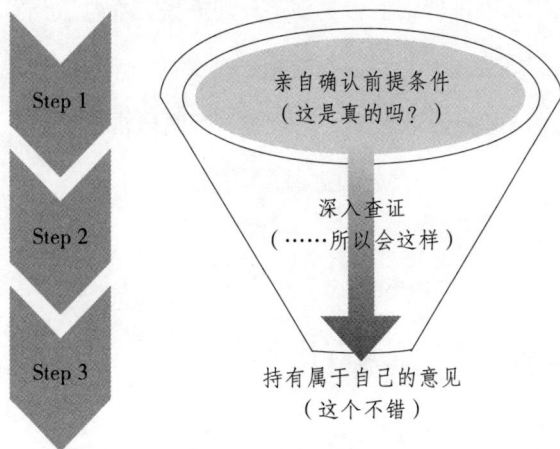

Step 1

Step 2

Step 3

亲自确认前提条件
（这是真的吗？）

深入查证
（……所以会这样）

持有属于自己的意见
（这个不错）

图1 逻辑思考的"思考过程"

Step 1　亲自确认前提条件（这是真的吗？）

Step 2　深入查证（……所以会这样）

Step 3　持有属于自己的意见（这个不错）

在这里我们再一次回顾本书的引言部分出现的 K 先生的事例。

K 先生在结婚纪念日为了让妻子高兴，从"首饰排在女性喜爱的礼物排行榜前列"这一【前提条件】出发，将项链当作惊喜送给妻子，却得到了一个并不尽如人意的结果。

如果当时运用"逻辑思考"，将 Step 1～3 的流程进行一遍的话，可能从【前提条件】"首饰排在女性喜爱的礼物排行榜前列"就能发现不妥之处。

如果深入查证的话就会发现"一般来说，女性收到首饰作礼物的话的确会很开心，但不能把已婚女性和单身女性混为一谈"，然后，可能就会想到用"项链＋感谢日常的话语"来当作礼物。

1.2　"逻辑思考"究竟有什么用？

我们平时说起"逻辑思考"，总感觉像在讲大道理，而且十分麻烦，但商务中"工作能力强"的人，一定都具备良好的"逻辑思考"能力。

具备真正逻辑思考能力的人并不会让对方觉得无聊或烦闷，他们会充满魅力地让对方轻松领会自己的意图。这种人会得到很多赞同，工作起来自然也会"顺风顺水"。换言之，逻辑思考就是为了将人们变成自己的伙伴，为了得到很多赞同而进行的重要思考技术。这在任何场合都是很重要的。

说得再夸张一些，擅长"逻辑思考"的人，能够把自己的想法简洁地传达给他人，让对方开心，所以才会成为"擅长沟通"的人。

因此，逻辑思考究竟有什么用？它可以让交流更加顺畅地进行，打造良好的人际关系。

可能有人已经注意到了，事实上这种"通过逻辑思考，让交流更加顺畅，让人际关系更和谐"的思考方式本身也是一种"逻辑思考"。

首先是建立"逻辑思考究竟有什么用"这个【问题】。

其次将"逻辑思考是让人更简洁明了表达想法的手段"作为【前提条件】。

接下来的【调研观察】部分是"能把想法简洁明了地传给他人，对沟通交流来说很有必要"。

最后的【结论】是"掌握逻辑思考，可以提高交流能力"。

这种方法在逻辑思考的世界里被叫作"演绎法"，但在此只要把"演绎法"这个名词暂时放在脑中一角就可以了。后面我们在第3章中会进一步详细说明。即使忘记了这个名词也没关系，继续向前看吧。

刚才已重复多次，本书不是以学会"逻辑思考"这门学问为目的，而是要学习如何在商界乃至整个人生中都将"自己认为好的、正确的事物"传达给对方，让对方觉得"这个不错哦"，这才是目的。

正因为如此，不要死记硬背逻辑思考的一个个方法，而是要以本书为契机，重视"实践应用"。说得极端一点，即使完全不记得方法论的名字和思考等框架的种类，只要在各种情况下都自然地运用逻辑思考，就会为人生带来更多好的可能。

1.3　逻辑思考和天生的好头脑没有关系？

那个人的脑子转得好快，好羡慕。我也想天生就有那样的好头脑……

我们常常不知不觉就会把别人的聪明当成与生俱来的素质。逻辑思考这件事也一样，往往会觉得只有头脑转得快的人和有理科头脑的人才做得来。

但是，原本"聪明"就没有明确的定义，脑筋转得快和聪明，这些模糊的词语与"逻辑思考"这件事并没有什么必然联系。

说得过分些，最近企业在进行人才招聘的时候，很多都把"地头力"①作为条件之一，"地头力"跟"逻辑思考"其实是有一定关系的。

有时会听到"他的地头力很不错"这种评价，"地头力"其实也没有明确的定义，但总归是"跟智力测验等测定的聪明完全不同的另一种聪明"，这种不是通过学习培养出来的"聪明"，就被称为"地头力"。

实际上，进入麦肯锡学习的人也有很多有这种"只靠学习无法掌握"的"地头力"。回想起来，这种感觉其实就是"逻辑思考"的感觉。

此外，麦肯锡招聘考试中有考查逻辑思考的考试，也有考查创造性的怪异考试。比如让人看一个"○"的图案，然后需要在几十秒内把联想到的所有事物都写出来。轮胎、甜甜圈的洞、从上往下看的气球……如此这般一一列出，这些都不是靠逻辑思考可以得出的结果。

经过了这样的考试，让我感到"逻辑思考自不必说，创造

---

① 指不依赖头脑中被灌输的知识，可以从零开始思考的能力。——编者注

性思考也是很重要的"。

比如，为了让大家对"〇"这个图形产生兴趣，就要对它进行说明。在数学的世界中"〇"是"到定点的距离等于定长的平面曲线"，这一点是正确的，但是听到这里，人们可能并不会对"〇"这个图形的魅力产生兴趣。

一个人对对方的话产生同感，感到有魅力，并不只是因为它"逻辑上正确"。实际上在麦肯锡中，工作时不能只用知识来表达，而是要用"这个难道不是这样吗"这种有独立创造性的性感，进行让人恍然大悟的分析。对咨询顾问来说，充满魅力的表达交流方式是十分重要的。

现在我们已经了解了怎样对创造性的想法进行逻辑性展开。这与通过学习掌握的知识不同，更需要注重创造性。

运用逻辑思考为创造性思维提供助力，这就是麦肯锡的思考方法。逻辑思考是可以通过后天学习来掌握的。

社会上有些人会学习，而且"地头力"很强。这样的人在跟自己学习有关的事情上也摄取了创造性的"逻辑思考"要素。他们会下功夫编出最适合自己的学习方法，陷入危机时也会从中平安逃出，还会给周围的人传播学习的要点。

也就是说，不仅要学会后照做，还要在各种情况中活用，让周围人都理解自己，用充满魅力的交流方式表达，这种人才能成为会使用创造性逻辑思考的"地头力"强大的人。

　　要记得当时是用什么方法成功的，积累各种经验之后磨炼"逻辑思考"的能力，让"地头力"不断得到锻炼。

　　企业需要"地头力"强的人，也就是需要基本能力之外的其他能力，比如意外和困境中进行创造性思维和行动的能力，以及吸引周边人的有魅力的交流能力。

　　在这里需要注意的是，学习理论知识的那种聪明，跟代表"地头力"的那种创造性思维和交流能力，是完全不一样的。虽然通过学习得到了很多理论知识，但却缺乏创造性思维和交流能力的人，在大家周围想必也有很多吧。

　　即使你一直觉得自己不聪明（很简单的东西都没有学会），也依然可以从现在开始学到"创造性思维和行动"以及"交流能力"。

1.4　越会工作的人，越重视对人的"逻辑思考"

　　"逻辑思考是用最简单的方式向对方表达想法的技术"，这种理论，将思考彻底做到了最适化，即把思考变成了最简单易懂的形式。这一点想来也是理所应当的，但不知为什么，有很多东西一直都被忽略了。

　　所谓"逻辑思考"，在一些特殊的场合，比如理科性质工作和咨询工作中被运用得多一些。因此，你可能会觉得"逻辑思考"在提案或演讲的准备阶段比较重要，但实际上在商务场合，无论是多么新颖的创意或提案，也必须让对方充分了解认可，并产生兴趣才行，否则想法就完全没有意义。

"提案本身倒还有趣，但有些脱离实际"，如果被这么评价，不免有些遗憾。

就算自己对提案内容再有自信，执行计划再正确，如果不被对方接纳，无法消除对方的不安和担忧的话，工作也是无法展开下去的。

工作做得好的人，为了避免如上情况出现，会一直通过"逻辑思考"深化自己的思维，让自己的"好直觉"被对方理解接受。

Step 1　亲自确认前提条件（这是真的吗？）

Step 2　深入查证（……所以会这样）

Step 3　持有属于自己的意见（这个不错）

正如前面所说的，要在有意识或无意识地进入这三个阶段后，带着自信进行提案，才不会看到对方奇怪的眼神，而且还能听到"这个不错"的肯定。

在运用"逻辑思考"进行交流的过程中，这三个步骤基本都是相通的。每个人的说话内容和表现形式自然不一样，但是都同样用到了"逻辑思考"这一引擎。

正因为如此，所以生来的"头脑聪明"或者"会学习"都不重要，无论是谁都可以运用"逻辑思考"这一引擎。

我个人在咨询领域经常解决一些工作的基本问题，所以也明白，如果没有逻辑思考，商务就无法前进哪怕一毫米的距离。

我的上一本书《麦肯锡工作法》中也提到，在解决企业问题的咨询领域中，不分行业和业态，都要让某个组织的文化、风气、思考方法和行为方式等，获得不同背景的人们的认可。这就是我们的工作。

说得极端一点，你的提案要让一些迄今为止都没做过农业生意的汽车业界人士说"种菜可能也挺有意思的"。所以，逻辑思考作为思考的共通语言是很有必要的，即使只是为了提高商场上基本的交际能力，逻辑思考也是一门"用得着"的技术。

1.5　目标不是我的价值（My Value），而是我们的价值（Our Value）

把自己的想法传达给有着各种背景的人们，并让他们说

"这个不错"。在此就介绍一个逻辑思维起重要作用的例子。

TED（Technology Entertainment Design）是一个演讲的舞台。它由美国的一个非营利组织创办，其目的是"向世界传播有价值的观点"。

至今，以杰夫·贝佐斯（亚马逊创始人）、比尔·克林顿（美国前总统）、波诺（摇滚乐队U2主唱）等著名人物为首的各个领域的活跃人物，都曾经在这个舞台上演讲。

日本也有网络公开的演讲视频以及NHK（E电视）等TED节目，相信很多人也有所了解。

这种演讲的特征是，台上的演讲者并不只是把"我的思考、行动"单方面灌输给听众，而是以与听众"共同的事情"为焦点，以"同感""同理"为目的进行演讲。

当然，基本上内容都是"批判性思考（通过深刻洞察得出自己的想法），逻辑性展开（用简单易懂的方式表达）"，但他们的演讲之所以吸引听众，不仅仅是因为演讲的内容很有条理，多数演讲者在舞台上都散发着自己的魅力，他们还会播放一些信息性的图片，例如为了传达丰富神秘的自然环境由于地下资源被开发后无法重生而有破坏性的危险这一信息，与其强调数据，不如让大家看一些震撼人心的当地自然美景图片，更能表现出这个主题的重要性。

在大家"共享"了观看照片的体验后，就会自然产生问题——如此震撼人心的景色，如何在经济开发和自然保护中取得平衡呢？进而成为环保的赞成者。

其实在某些主题中，照片比数据更能抓住人心，这一点也是普遍存在的逻辑现象。

如何打动人心呢？使用创造性思维也是麦肯锡"逻辑思考"的重要元素。

1.6　真正的逻辑思考，会改变大家的行动

我认识的麦肯锡逻辑思考，是通过独创的性感想法，鼓舞客户和相关人员做出行动，并让他们认为这样"理所应当"。也就是说，单纯为了演讲而进行的逻辑思考没有意义，能够"打动人心，并且让这份变化付诸实践"，这一点很重要。

其中有一种变化就是"行动"。这是指一个人的行动和业务能力，或者在系统中的运作情况。算是狭义的变化。

另一种变化称作"行为"，这个不仅限于人类的行动，对组织和社会等广义范围的概念也适用，就是指能引起很大波动的变化，影响他人行为的变化。

刚才所举的TED的例子也是如此，逻辑思考不只是在演讲场合发挥，在有限的人数作为对象的时候使用。麦肯锡逻辑

思考不是只在自己一个人能理解的基础上发挥作用，而是可以创造让大家行为改变的价值。实际上，麦肯锡学院的毕业生都被称为"麦肯锡黑手党"，他们活跃在各个领域，其实力的源泉，正是麦肯锡思想中的精髓——逻辑思考。

1.7　在所谓的商界"逻辑思考"很有必要

当今社会，已经不是那些名牌推出新款，就很容易畅销的时代了。而是要看新产品和服务能带给用户何种价值和体验，能在多大程度上理解用户的需求，并通过认真的交流来让用户产生理解和共鸣，否则用户是不会掏钱买东西的。

对用户如果不用逻辑思考，只是单方面灌输"这是个好东西"的话，很容易就被认为"真不错啊，但是我要的不是这个"，也就等同于失败。

在企业组织中也一样，要完成一项新工作，如果不取得部门中其他人的赞同，工作就无法推进。不仅如此，无论公司内外，跟完全不认识的人共同推进项目的情况也并不少见。

无须言说也能会意是好的，但如果在一个没有这种伙伴的环境中推进工作的话，是否通过逻辑思考让双方相互理解，就成了决定工作结果的关键。

现在的商务世界中，信息、技术以及方法都在以日新月异的速度更新，距离现在一年（有时甚至只是几个月前）的知识和数据可能就已经过时了。

同时，新的课题也不断地出现在我们面前。这种时候，即使有再多过去的数据和方法，也无法解决这些新课题。

重要的不是要掌握多少数据和方法，而是要有创造性、逻辑性地找到"现在眼前发生的真正问题是什么"。

· 全盘观察现在眼前发生的问题

· 锁定现状中真正的问题

· 找出证据，证明锁定的问题是"真正的问题"

· 设立解决问题的计划

· 开始实际解决问题的行动

为了将这一系列流程顺利完成，不可缺少的引擎就是逻辑思考。如果不进行逻辑思考，只用现场印象和决定来解决问题的话，会出现什么结果呢？

来看看下一节中这位男士的有趣例子吧。

1.8 真正的"决断"魔力是很恐怖的

　　某个周六的晴朗早晨，男人跟往常一样开着保时捷出发了。在来到一个没预料到的转弯前，他减速、换挡，准备应对前方200米的急转弯，踩下了刹车。正在这时，从转弯处冲出来一辆车，好像方向盘失灵似的要冲下悬崖。千钧一发之际又拐了回来，加速进入了反向车道。

　　这是怎么回事？男人踩下了急刹车。

　　那辆车以蛇形路线向男人驶来，男人觉得马上要撞上的时候，车向左转，两车擦肩而过。此时，一位漂亮女士从车窗探出头来，以最大的声音叫道：

　　"猪！"

　　开什么玩笑。男人一下子火了，怒吼回去："丑八怪！"

　　"到底是谁不会开车啊！"怒吼之后，男人的心情稍微舒畅了些。对那种女人，还是说得过分一些比较恰当。

　　然后他加大油门，刚一转过弯……就撞上了一群猪。

　　（乔尔·亚瑟·巴克：《规范的魔力》）

　　这个小故事告诉我们，人们的想当然和片面思考，会带来不良的后果。

晃晃悠悠从反向车道开来的女人想要告知那个男人前方有猪群,所以才说了"猪",但男人认为这是在对他进行人身攻击,结果就撞上了猪,没有避开危险。

人的大脑在感觉自己受到攻击时,就会立刻形成"攻击性"机制。大脑将释放出肾上腺素,使血压上升,血糖升高,全身的行动都会进入另一种模式,更容易反击或者避难。

这样的人体结构,是非常有逻辑性的。可以说这是所有生物都具备的,是延长生命的原始逻辑引擎。但是如果只靠原始逻辑的引擎可能也会失败,刚才的故事讲的就是这个道理。

瞬间发怒这一感情是自然产生的,这没有办法。在此之上,也就是进一步思考"真相究竟如何",就可以防止因为错误的钻牛角尖和认死理导致的失败。

无论什么时候,眼前发生的都不一定是全部的真相,背后一定有其背景。留心思考这方面也能够培养"逻辑思考"。

1.9 世上所有事都可以用逻辑切入

逻辑思考可以说是一副"明察秋毫的眼镜",让我们以批判性的角度对世间事物进行理解。

现在这个时代,只需要戴上谷歌眼镜等工具出门走一走,就可以在需要的时候得到自己想知道的东西。但学会逻辑思考，就可以在"不费一文"的情况下，了解世间各种现象的本质。

来看一下某个商场接到的投诉意见吧。

· 咖啡店人太多，等不到座位

· 卫生间数量太少

· 自动贩卖机的热饮都卖光了

· 室内的门把手很凉，还容易起静电，心情差！

· 希望饭店里能有盖在膝盖上的毯子

一眼看去，都是些单独问题的投诉，如果把所有问题都一一处理的话看起来会很麻烦。增加卫生间的个数可不是什么容易的事，如果你是解决投诉的负责人，会怎么做呢？

可以先从最容易解决的开始，也可以从成本最低的方案开始，或者先花时间解决那些最严重的问题，方法看似有很多。

但是如果运营商场的上层领导说"能不能同时解决所有的投诉"呢？

你可能会想，这是不可能的。

但是真的不可能吗？让我们想一下逻辑思考的基本步骤——批判性思考（通过深刻洞察得出自己的想法），逻辑性展开（用简单易懂的方式表达）。

不要一个个单独思考，而是找到这些投诉的背景"有什么共同点"，略微深入地思考一下吧。

咖啡店人太多，等不到座位——除了喝东西和聊天的人，还有很多人会去咖啡店，这是为什么呢？

卫生间数量太少——去商场的人数没有变化，但为什么上卫生间的人变多了？

自动贩卖机的热饮都卖光了——商场里应当是冷饮卖得更快，为什么热饮反而卖得更多？

室内的门把手很凉，还容易起静电，心情差！——这真的是心情变差的原因吗？

希望饭店里能有盖在膝盖上的毯子——为什么不只在露天饭店，其他室内饭店里也会收到这种要求？

如上，不要只是原样接收投诉，而是要寻找其背景，发觉各个投诉中隐藏的共通要素。

热饮卖光，很多人需要毯子，门把手冷和静电引起的不愉快，这些难道都是商场内"太冷"的缘故吗？

这样看来，原本毫无关系的卫生间方面的投诉，也是因为商场里很冷，大家都去咖啡馆和自动贩卖机买热饮，然后就会有更多人想去上厕所吧。

我们都知道人体约60％都是由水分构成，这些水分用于代谢摄取的营养，以及产生汗液、尿液和呼吸中的水分，这些水分所构成的平衡，是极其符合逻辑的结构的。

夏天人会出更多的汗，即使摄取很多水也不一定有尿意，但冬天寒冷，出汗原本就少，体内水分过多，同时寒冷还让人的交感神经更加活跃，就会出现"频繁去卫生间"的现象。

考虑这些相关关系，便会得出假设结论，即这一系列的投诉后隐藏的问题是"商场内空调温度太低了"，从这个推测可以用"将商场内空调温度提高一些，让顾客更加舒适"解决这一连串的问题。

用逻辑思考分析这一系列的问题……

· 现在，俯视眼前发生的事情

　热饮更受欢迎、卫生间拥挤等情况，可以得出什么呢？

· 在这些情况中确定问题

　从个别现象的相关关系中，思考出问题的根本在于"寒冷"。

· 找到证据，确认问题"究竟什么是真正的问题"

　验证"寒冷"到底是否引发了上述个别现象。

· 提出解决问题的方案

通过提高室内空调的温度，可以一下子解决所有问题吗？

· 为了实际解决问题而开始行动

考虑到环保和成本，将空调调整到最合适的温度，保证不再发生投诉。

像这样，将每天在我们周围发生的各种现象，使用逻辑思考进行分析洞察，发现问题的本质和解决问题的方法。

1.10　带着"零基思考"的意识去生活

有人认为，所有人通过逻辑思考都会得出同样的结论。

这话一半正确，却也有一半是不妥当的。

的确，运用逻辑思考的话，从相同的【前提条件】和【调研观察】可以得出大体相同的【结论行动】。

夏天的骤雨很多【前提条件】

天空突然变暗，湿气变重，开始刮风【调研观察】

快要下雨了，该收衣服了【结论行动】

如此，对待各种普遍现象和问题，在跟其他人的思考和行动没有太大区别的情况下，大家都可以进行相同的逻辑思考，这并没有问题。但是在有竞争关系的情况下，跟对方做同样的课题，就必须得出"不同的结果"。不仅要用逻辑思考，还需要加上创造性思维。

麦肯锡课程中将这种课题称作issue，在这种气氛中，是不能轻松说出"我也这么想"的。面对课题你需要找到适合自己的立场和位置，这也被叫作"找到位置"。

从结果来说，即使跟他人意见相同，也需要考虑"为什么会这样"，运用只属于自己的创造性思维进行推论和验证。

这时，往往过去自己的"思维框架"和"成功体验"会起干扰作用。使用自己一直以来的惯性思考或用过的好方法是一种思考的"节约"，其本身倒也不无道理可言。

但是如果竞争对手也用同样的思考，做出同样的输出表达又会如何呢？横向比较的"结果"如果相同的话，即使自己过去成功的体验有所加分，作为结果来说也不会带来任何价值。

为了不陷入逻辑思考所带来的这一圈套，从过去自己的"思维框架"和"成功体验"中跳出来是很重要的。

大家都知道《玻璃的假面》这部少女漫画吧。这部漫画被称为"大河漫画"，连载时间超过30年，讲述的是一位将自己的全部投入到演剧事业的少女北岛玛雅，经过了种种试练，挑战各种不同角色的故事。

女主角跟其他人相比，所处的环境可以说非常艰苦，但她凭着自己聪明的头脑和天生的演技，开辟了自己的道路。

在一次演员选拔中，她是这样表现自己的。在"请表演笑"这一课题中，其他竞争对手都把心思用在发出各种不同笑声上，以表现自己的演技，而只有北岛玛雅一个人没有出声，而只是嘴角微微上扬，来表现"笑的表情"。

参加选拔的人们都露出惊讶的表情，惊叹"这小姑娘居然这么做"。评审员们也对她的表现颇为困惑，但优秀女演员月影女士，却捕捉到了她的才华。北岛玛雅用"笑"这一行为，体现了她与其他参加者不同的视角。

对"请表演笑"这一课题，几乎所有的参加者都以"发出笑声"为"前提条件"而进行了表演。也就是说，她们默认了"笑＝觉得有趣而发出声来的动作"这一前提条件，并对此做出了结论行动。在之前的选拔中，她们一定也经历了"笑＝笑出声来"的情况。

而北岛玛雅没有局限于这种思维的框架和成功体验，而是进行零基思考，创造出了"符合现场的笑容的演技"。

笑也包含不出声的笑，笑容是有很多种的【前提条件】

竞争对手们都只会出声地笑【调研观察】

可以只用表情而不出声地笑【结论行动】

像这样，经常进行零基思考，意识到"只有自己能做到的事情"而行动的话，就能免于陷入人云亦云的圈套，进行创造性的逻辑思考。

1.11 为什么只靠"逻辑性"是不行的

这本书为什么要推崇真正的逻辑思考 —— 批判性思考（通过深刻洞察得出自己的想法）加逻辑性展开（用简单易懂的方式表达）呢？

答案就是如果只凭"逻辑性"就会发生"虽然很正确，但进行得不顺利"的现象。在工作中也会产生"虽然我感觉说得很对，但别人就是不理解"，这种像箭无法射中靶心一样无法打动人心的情况。这就是缺乏批判性思考（深刻洞察）的缘故。

世界上有很多事情，无论逻辑上多么正确，都不是最理想的选择。

例如在商务场合，"用户的投诉越少越好"这种想法从逻辑上讲是完全正确的。用户的投诉多，说明产品和服务的问题很多，会影响到企业的评价和利益。

但是"用户的投诉越少越好"，实际上也是要分很多情况来看的。

比如有测试性质的商务和IT界中，beta版（正式版发布前的评测版）产品和服务，希望得到用户更多的投诉和意见，而且越具体越好，以便自己创造对用户更好的环境。

单纯想来，"用户的投诉越少越好"是一种"逻辑正确"的思考方式，但这通常不是最好的前提条件。

用户投诉变少，代表顾客满意度高，能够生产出完美的产品和服务，但为了实现这一点，就会忽略"从顾客那里收到投诉"这方面的思维。

企业为了获得良好的评价并提高营业额，会觉得"用户的投诉越少越好"，但是如果批判性地想一想，就会产生向用户提供beta版产品的想法。

批判性思考，不仅可以让你的想法逻辑上正确，同时还可以让它打动人心。

那么，要怎么做才能在关键时刻灵机一动，恰当地表达自己，打动对方的心灵呢？

接下来就进入第2章，开始学习要达成上述目的必备的"批判性思考"方法。

批判性思考

深入思考的核心

2.1　从"想当然"中脱离

从思考的角度来看，世间的人大概可以分为两种，就是"想得浅的人"和"想得深的人"。平时不怎么思考，而且意识不到自己不再思考的人就会成为"想得浅的人"。自己觉得"想要思考"，但却经常想不明白的人，应该也算是想得浅的人。当然，一开始就想得很深刻的人是很少的，我本人也并不是这种人。

对思考这件事没什么自信的人只要认识到"逻辑思考"的必要性，自然就会想得越来越深入，所以没有太大关系。

想得浅的人，总是会觉得"这种事见怪不怪""以前一直是这样的"，从而不作任何思考，很容易就因为"大家都这么说"或"八成的人都赞成"而随波逐流了。

这样可能会比较轻松，但是想得浅，就只会"被人推着走"，而不会推动别人。

如果想让事业或者人生向"自己期望的方向"发展，而且这个方向还要尽量获得更多人赞同的话，就必须要从思考的深度，即"批判性思考（深刻的洞察）"开始进行。

说得严苛一点，我们其实是倾向于往轻松的方向发展的。"批判性思考"这个词字面意思就是"怀疑""批判"，要让自己进行较为艰难的思考，因此对个人意志还是有一些要求的。

"怀疑""批判"这种词听起来总感觉会惹人厌烦，但其实并不会。这种思考方式反而会让周围人都觉得清晰明了，认为"这才是问题的关键"。

刚开始进行这种思考时可能会感到困难，但是只要学会这种思考方式，你就不会被繁杂的信息所迷惑，还可以让周边人都认同你的想法，这会让你比以前更加快乐。

Step1 亲自确认前提条件（这是真的吗？）

逻辑思考的步骤，首先是自己有"灵感"或"直觉"，觉得"这就是问题所在"或者"这样做就可以了"，然后针对这些想法对自己提出疑问："这是真的吗？所以呢？"

逻辑思考中经常用到的用语是：所以呢（So what）？有时候我们觉得某个主题很好，提出这个方案后对方会很高兴，然后就开始激情澎湃，但如果主题设定本身就有问题，或者是对方不需要的东西的话，那就糟糕了。

如果第一个纽扣扣错了，最后就必须把所有的纽扣都重新扣一遍，而批判性思考的目的就是防止扣错第一个纽扣，有着至关重要的作用。

为了更好地理解什么是批判性思考，我们来看一则寓言故事吧。

大山深处有6个盲人，他们在旅行的时候，眼前出现了一个"巨大的物体"，挡住了去路。

在这个庞大的物体前，6个人苦恼于"这是什么东西"，分别摸了一下，然后说了自己的结论。

摸到耳朵的人说："这是一把大扇子。"

摸到腿的人说："不，这是一个树干。"

摸到尾巴的人说："这是一张线很粗的网。"

摸到肚子的人说："不对不对，这是一堵墙。"

摸到鼻子的人说："这是一条蛇。"

然后，第六个人摸到了牙，坚定地说："这是一支枪。"

大家想必已经清楚了，这个巨大的物体实际是一头大象。

六个人都认为自己说的是正确的，但如果以此为前提而去挪动这个巨大的物体，会出现什么样的情况呢？如果把大象当作一张"线很粗的网"而去拉扯它，估计后果会很严重吧。

这个寓言故事可以从很多层面进行阐述，从逻辑思考的角度来说，重要的是最开始应当尽量俯瞰整体，正确抓住问题的前提。

真正的事物其实是"大象"，但却想成了其他事物，并以此为"前提问题"去想解决方案的话，无论想得多么深入，都无法得出正确的答案。

要养成经常质疑自己的习惯，认为"这是一个树干，只要用斧子切断就可以"的时候，要先想一下："这是真的吗？还有什么遗漏的没有？"

然后再检查一下自己是否抓住了真正的问题。

2.2　不要把"关联关系"和"因果关系"混为一谈

确认前提的时候容易出现的问题是，把原本没有太大关系的事物联系在一起。

举一个极端点的例子，好比我们可以做这样一个街头调查，针对一种目前法律还没有禁止的行为询问路人的意见。

根据最近的调查，违反"汽车超速行驶规定"的人中，94％的人在违反规定前的24小时内都做过某种行为。

涉及重大人身伤害的交通事故中，97％的肇事者在事故发生前的24小时内也做过这种行为。

您认为是否应当通过法律禁止这种行为呢？

恐怕接受采访的所有人都会认为这种跟交通事故有关系的"危险行为"应当被禁止吧。

而且现行法律没有禁止这个行为，如果放任不管的话，可能还会导致更重大的问题发生。

但是调查中所说的这种行为，究竟是不是法律应当取缔的危险行为，这一点必须先确认清楚才可以。

刚才的调查，没有提到任何关于"行为本身的危险性"这一前提的内容。

如果调查中所说的这个行为是指"吃早饭"呢？

如果把调查中引起交通事故的前提当作"吃早饭"，按正常情况考虑，无论是否开车引发事故，几乎所有的人都要"吃早饭"的。

吃早饭这一行为本身（只要不吃特殊的食品）并不存在引发交通事故的危险性。

但是，"事故的危险性"和"吃早饭"这两件事，通过数字联系起来之后进行调查，回答问题的我们就很容易认为这两者之间有重大关系。

首先，Step1"亲自确认前提条件（这是真的吗？）"这一点，适用于包括调查在内的各种问题。在很多情况下，前提和结果之间并没有特别大的关联。

我们之所以糊里糊涂地把错误的前提和结果联系起来，是因为把事物之间的"关联关系"和"因果关系"弄混了。二者之间是有区别的。

【关联关系】＝结果上有关，但并非直接的原因和结果

【因果关系】＝结果上有关，而且有合理且直接的原因和结果关系

读文章的时候，自然能明白其中的差异。但很多情况下，我们只凭借关联关系就认定问题的原因和结果，然后去想解决方案，最终结果自然"并不如意"。

2.3　每天吃香蕉对身体好吗？

再练习一次批判性思考吧。

一定有人在媒体上看到声称"吃香蕉对身体好"的消息。的确，香蕉营养价值很高，对健康有好处，而且吃一根美味的

香蕉能产生很大的满足感，我个人也很爱吃。

但是，从"吃香蕉对健康有好处"并不能得出"每天早上吃香蕉，会变得更健康"这一结论。

也有调查结果显示"有吃香蕉习惯的人比没有吃香蕉习惯的人更长寿"，但也无法从这一结论判断"吃香蕉是长寿的原因"。

比如说早上起来之后马上开始一天活动的人，和吃了一根香蕉后再活动的人相比，后者更加活跃，在测试中能取得更好的成绩。

人类需要肌肉和大脑进行活动，在体内用脂肪和糖类生成糖原等能量，糖类和脂肪不同，多出来的部分无法在体内累积，因此每天早上起来身体都缺乏糖原。

容易被消化吸收的香蕉，是最适合进行营养补给的食物之一。而且香蕉含有在体内可以被迅速吸收的葡萄糖和果糖，以及相对来说可以缓慢吸收，用于持续补充体力的淀粉等多种糖类。

从理论上来说，吃香蕉对开始一天的活动是有益，而且有持久性的。

那么"每天早上吃一根香蕉会让人更健康"看起来是正确的，但是批判性地思考，就不能断定"每天早上吃一根香蕉会让人更健康"。

实际上，早饭吃香蕉的人，也有可能同时喝牛奶或者酸奶，以及吃各种蔬菜。而且认真吃早饭的人，大多过着比较规律的生活，会去健身房锻炼、散步、跑步等，也没有抽烟等不良嗜好。会让自己的整体生活基本处于"看上去不错"的状态。

在还有很多其他因素的情况下，偶尔有一个因素比较显眼，就容易被认为跟结果有关系，这一点要注意。

当然，跟"因果关系"无关，适当吃香蕉的话，应该也不至于对我们的生活产生负面影响。但是把"关联关系"和"因果关系"弄混，从而得出"为了健康，吃香蕉是有必要的"这个结论，是非常偏离"批判性思考"的表现。

2.4　看事情不要流于表面

有这样一种上司，会对犯错的部下进行以下这种"指导"。

"为什么这种错都会犯呢？是你之前确认得还不够吧。这样会给大家都带来麻烦，今后一定要事先跟对方确认好。"

这话看起来逻辑上是非常正确的，但要看部下的行动是否有所改善，就会出现一个奇怪的情况。

恐怕今后，在其他情况下，这位部下还是会犯同样的错误，然后每次上司都会做出这样决定性的指导。同时，其他的同事可能也会因为增加了"事前确认"这种"多余的工作"而心怀不满。

因为确认不够而出错。这本身看起来是明摆着的事情，但需要动用头脑，发觉这其中潜在的"问题"，从而迈出批判性思考的第一步。

·确认不足而导致出错→彻底确认后错误会消失（想当然的逻辑思考）

·确认不足而导致出错→改变工作模式，做到不需要确认也可以解决问题（真正的逻辑思考）

"彻底确认后错误会消失"这种结论是流于表面的理论，这是明摆着的。但是再往深处进一步思考会发现，其本质"改变工作模式，做到不需要确认也可以解决问题"才是更重要的。

原本工作的目的就不是"不犯错"，而是"得出好成果"。但是把时间和精力花费在"消灭错误"上面，而不在创造好的工作成果上，相当于本末倒置。

在这里再确认一次。所谓批判性思考，是在想当然的答案和思维方式基础上，再进一步往深挖掘的意思。

换句话来说，无论看什么事情都不要流于表面。

2.5 批判性思考的3个基本方法

如果要在想当然的回答和思维方式基础上，再进一步往深挖掘，思考"真的是这样吗"，就要每天都进行批判性思考，其3个基本方法如下：

①明确目的是什么

②明确思维模式框架

③不断发问（所以呢？为什么呢？）

①明确目的是什么

要明确自己在做的事情，接下来要做的事情，究竟是"为了什么目的"。

例如目的是去附近的便利店买牛奶的话，就要带上"钱包、手机和钥匙"再出门，这种行为不用思考也能做到。

如果目的是去附近的便利店买牛奶，但却"花时间打扮得花枝招展，带上旅行用的皮箱出门"，感觉就跟目的完全不沾边了。

但是在商界解决问题的时候，很多情况下，原本的目的都跟大家所进行的思考和行动有很大出入。

下面就是一个比萨外卖连锁店的例子。

比萨外卖连锁店 B 的宣传口号是"下单后 30 分钟内送出热腾腾刚烤好的比萨"。但是客人多起来的时候，做比萨和送外卖的时间赶不及，很容易出现花费 30 分钟以上的情况，客人纷纷投诉，让店员非常烦恼。

为此，比萨店采取了增加外送人员，把比萨提前做好存起来，超过 30 分钟以上就赠送优惠券等方法，但投诉仍然没有减少。员工对此也纷纷不满，工作人员流动性很大。

那么这家比萨外卖连锁店原本的目的又是什么呢？减少投诉确实也是一个目的，但原本订餐的客人希望的不是"外卖时间缩短"，而是"可以在家轻松吃上热腾腾又美味的比萨"。

如果是这样，那么比萨店的目的就是"尽早为客人送上热腾腾又美味的比萨"了。为此就算时间稍微长一点，客人肯定

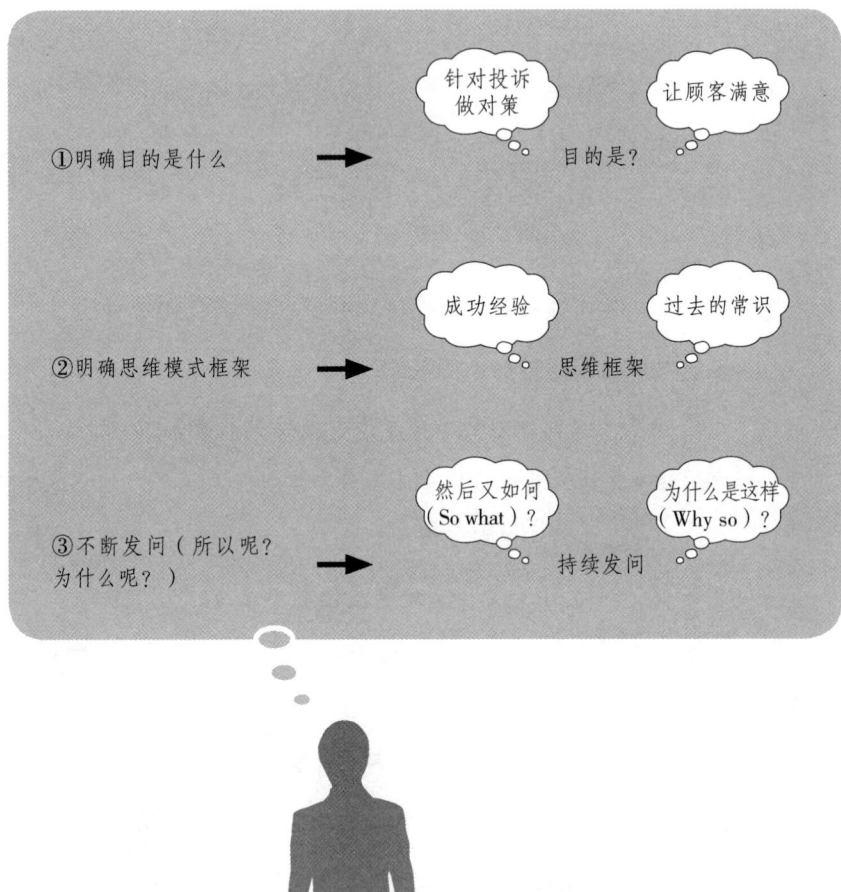

图2 批判性思考的3个基本方法

还是对40分钟送到的"热腾腾又美味的比萨"更满意,而对30分钟送到的凉比萨不满意。

实际上如果不被30分钟这个限制束缚住,将时间放宽到40分钟左右的话,客人的投诉是几乎没有的。

所以放弃30分钟之内送到这个目的,而返回原本的目的,就会把投诉发生的根源遏止了。

从这个例子可以看出,商界经常把处理当下的课题当作"目的",如果把这个过程当作日常的一部分,就更不会有人对它进行质疑了。

但是从本来的目的思考"这真的有必要吗",就会明白某些事情即使不做,也不会有任何问题。

②明确思维模式框架

入选联合国教科文组织非物质文化遗产的"和食"一直备受关注。

"饮食的文化性"包括外观美丽、造型细腻、食材多样、营养均衡,跟传统节日有着很深的联系,超越世世代代,与日本文化融为一体,在全世界都得到了好评。

其中,"年节菜"作为正月不可缺少的菜肴,在日式套盒中完美叠加,可以说是和食的典型代表。

我们说到正月要吃的和食，脑海中就会浮现出年节菜。一定有很多人认为，这就是日本正月传统的食物。

但是在我们思考中无意识存在的"正月＝套盒装的年节菜＝传统"这一思维模式，实际上可能"并不存在"。

现在我们提到年节菜时所想到的华丽多姿的"年节菜套盒"，实际上是在日本经济黄金期1960年左右，经由在主妇群体中有很大影响力的妇女家事和料理电视节目的"介绍"后，才在一般家庭中广泛普及开来的。

在那之前，提到正月，不可缺少的传统食物是"杂煮"，只是普通的煮蔬菜，像现在这样有肉、鱼虾、鱼糕、黑豆等料理放在一起的年节菜，在当时并不是那么常见。

恰巧从那时开始，以传统大家庭为主的家族生活方式，随着都市化的进程开始转变，诞生了被称为"核心家庭"①的新式家庭，于是新的年节菜料理自然也越来越被人们需要了。

反过来想，年节菜这一饮食文化，是从零构思产生的"新现代风格年节菜"，是打破了旧有思维框架产生的新事物，即现在我们所吃的"套盒年节菜"料理。这也许就是我们将它认为是日本正月传统和食的一种可能性。

从批判性思考的角度来说，这说明即使是属于日本传统

---

① 核心家庭指两代人组成的家庭，核心家庭的成员是夫妻两人及其未婚孩子。——编者注

文化的套盒年节菜料理，也能够通过"真是这样吗？"这种思考，得出之前从未有过的看法和发现。

话虽如此，运用批判性思考有时也会产生一些阻碍和麻烦，那就是"思维定式"。我们平时在日常生活中，通常会有意无意地把自己放在思维定式里。

正月的套盒年节菜料理是日本的传统，这本身就是一个思维定式。或者说，远距离大巴比飞机更能让人疲劳，这也是一种思维定式。

如果自身存在思维定式，就不用再对每件事情逐一进行判

我们的"思维定式"会带来的东西

钻牛角尖　守旧经验　习惯
世间的看法　教育　自己的信念
常识　媒体报道　网络消息
成功经验　失败经验……

图3　思维定式

断，感觉好像变轻松了，但实际上正相反，这会让你停留在思维定式中，无法产生新想法。这种情况并不少见，需要多加注意。

说起来，最近的远距离大巴也开始重视舒适度了，越来越多的大巴坐起来的舒适度甚至能接近飞机的经济舱和头等舱了。

从"远距离大巴会让人疲劳"这一思维定式中脱离出来，做出有价值的新方案，比起时间来，更加看重舒适度的价值，这样也会得到用户的认可。

③不断发问（所以呢？为什么呢？）

下面是一段营业部同事之间的对话——

> "最近营业的成绩不如之前想的好啊。"
>
> "不增加商谈的次数，评价就会变差吧。"
>
> "产品如果再稍微降价一点点的话，就能卖出去更多了。"
>
> "但是就算咱们努力卖出去了，也没什么奖励，也就没热情了。"

乍一看是非常合理的对话，但如果这样继续营业工作，不作深入思考的话，到底能不能有好成绩呢？大家不会产生疑问吗？

就某个问题（进行不顺利的）进行谈话的时候，听者摆出"批判性倾听"的姿态，是非常重要的。

在进入相互抱怨的"惯有模式"时，必须要进行批判性思考，将自己放入问题中。

【然后又如何（So what）？ 为什么是这样（Why so）？】

带着这两个问题进行交流，就可以避免自己陷入"惯有模式"。

现在我们带着问题，再听一下刚才两人的对话吧。

"最近营业的成绩不如之前想的好啊。"→营业进程在哪个阶段没有做好？所以呢？（So what？）

"不增加商谈的次数，评价就会变差吧。"→为了出成果真正重要的是什么？所以呢？（So what？）

"产品如果再稍微降价一点点的话，就能卖出去更多了。"→具体来说要降价多少才能卖出去更多呢？又能多卖出去多少？为什么？（Why so？）

"但是就算咱们努力卖出去了，也没什么奖励，也就没热情了。"→改善奖励机制的哪个部分会卖出去更多？

为什么？（Why so？）

只停留在解决"营业成果出不来"这一表面现象，只能进行问题的"浅层次解决"。如果因"营业成果出不来"就增加商谈次数，二者之间固然有关联关系，但仅因为二者互相联系就认为有因果关系，这也是不恰当的。

假设问题不出在商谈次数上，而是因为商谈的内容及提案方法跟顾客的期望有一定差距呢？或者说产品本身对顾客来说就没有什么魅力……

将表面的很多事实，用"然后又如何（So what）？""为什么是这样（Why so）？"进行发问，挖掘事实，将其作为一个结构的问题来看待，就可以发现"什么是真正的问题"了。

2.6 锻炼批判性思考的7个习惯

刚才的内容讲的是对于眼前的问题进行批判性思考的3个基本方法及其必要性。

但是批判性思考，不只适合具体的问题，还可以像下文一样，在日常生活中养成这种思维习惯，更加自然地将其深化。

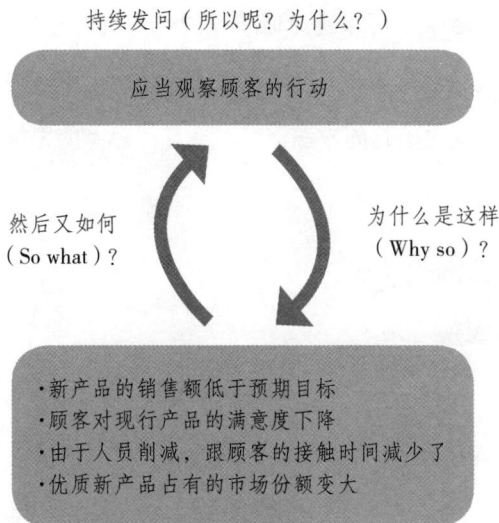

持续发问（所以呢？为什么？）

应当观察顾客的行动

然后又如何
（So what）？

为什么是这样
（Why so）？

- 新产品的销售额低于预期目标
- 顾客对现行产品的满意度下降
- 由于人员削减，跟顾客的接触时间减少了
- 优质新产品占有的市场份额变大

图4　持续发问

习惯1：对身边的人讲话更加"具体些"

跟家人、恋人、朋友、同事讲话的时候，更容易放下心来，认为他们都可以"理解自己"。

比如熟悉的人对你说"我去趟便利店"，你就会回应"那顺便帮我带点饮料吧"。

对方如果是你熟悉的人，就会自然明白"随便带点饮料＝你喜欢喝的饮料"。但在这种时候，可以试试说得更具体一些，不说"随便带点饮料"，而说"我想振作一下，所以帮我买点能量饮料吧"。

日常生活中，可以避免像"随便带点喝的"这种"模糊"的说话方式，而是要意识到"然后要怎样"，用这种跟"批判性思考"联系在一起的方法，可以锻炼"思考的力量"。

习惯2：不要随波逐流

两位年轻人进行了如下的对话。

"你看过学长的Facebook没？"

"我看了，但是看不太懂。"

"对啊，不太明白他要说什么。但是我还是点了个赞，你点了吗？"

"咦，看不懂还要点赞啊？"

"好多人都点了，我就也跟着点了，这样学长看了也高兴。"

能凑合的话就这样吧。总之当时一切进展顺利，跟着在场的氛围"随大流"行动就好了。你是否也有这样做的时候？

大家一起出去吃饭点菜的时候，只要有一个人说"我今天吃当日套餐"，其他人也马上就会纷纷附和说："我也是！"

其实真正想点的是其他东西，但不知不觉就跟着要了同样的。

Facebook 的点赞也好，点菜的菜单也好，都不用想得过深……一定会有人这么想。但是这样养成随大流的习惯后，自己选择和行动的"根据"会渐渐变得越来越单薄。

哪怕是小事，也不要简单地随大流。对自己做出的选择，想想理由，说出确实的"根据"（特别是没有人问你的情况下），这样才能慢慢踏上批判性思考之路。

习惯3：看新闻的时候联想到"其他事情"

2013年，《国家对男女相亲进行支援？研究设立"少子化[①]危机缓解基金"》这条新闻一度成为热门话题。国家的资金不只要为结婚、妊娠、生产、育儿等方面提供更优越的环境，而且还会为以结婚为目的的信息和机会提供支援。

这条新闻在各界都引起了争论，包括"国家终于开始应对少子化了""用税金来支援结婚活动太奇怪了"等。

"国家支援男女相亲"这种事情听起来像是电视节目里播放的一样，但在这里，重要的不只是成为话题的这个新闻，而是针对这个新闻所进行的批判性思考。

---

① 少子化是指生育率下降，造成幼年人口逐渐减少的现象。——编者注

思考"然后又如何（So what）？为什么是这样（Why so）？"的话，会发现一些"国家支援男女相亲"的表象背后隐藏的问题。

原本男女相识、结婚、生产等就涉及思维、意识和价值观等比较个人化的问题，不应当以国家为主题进行推动。但是国家居然设立了"少子化危机缓解基金"，给国民提供面向结婚的信息和机会，这究竟是为什么呢？

实际上，2013年国家公布的《厚生劳动省[①]白皮书——探究年轻人群心理》中，重新强调了少子化的问题，即"不结婚也不恋爱的年轻人在增多"这一现象。

关于结婚意识方面，在"你有恋人或异性朋友吗？"这一问题中，有62.2%的男性和51.6%的女性回答"既没有恋人，也没有异性朋友"。

同时公布的"终生未婚率"（到了50岁还从未结过婚的人）显示，有20.1%的男性和10.6%的女性属于此范围。也就是说，如果"既没有恋人，也没有异性朋友"的年轻人持续增多，终生未婚率会继续上升。

这里需要进一步考虑"然后又如何（So what）？"。终生未婚率增加，会给国家带来什么样的问题呢？

---

① 日本负责医疗卫生和社会保障的主要部门。——编者注

日本在战后复兴的20世纪50年代，男女的终生未婚率都是1%左右。结婚的男女很多，出生率也很高，人口构成比例中，少年人口所占的比例（0～14岁）为35.4%。

当时的这些年轻人，即"婴儿潮"的一代，成为之后日本经济高度发展的原动力。

2012年的人口比例中，少年人口所占的比例（0～14岁）仅为13.0%。这样下去的话，今后日本的生育年龄人口（15～64岁）的比例会显著减少。

少子高龄化如果继续发展下去，退休金、医疗、看护等社会保障系统和经济系统将会受到极大的影响。

正因如此（虽然有时效性的问题），国家才会对男女相亲、结婚、生育等方面建立预算，进行支援，还上了新闻。

像这样，对日常听到的新闻进行批判性思考，就可以发现新闻的背景、深意或其他的角度。

习惯4：冲动购物之前要思考

"这个太便宜了，要不要买呢？"

在偶然经过的店面，看到在其他店没有打折的商品写着"6折优惠，只此一天！"，可能会不由自主地觉得"现在得马上买下"吧。

这其中，商品是否真的物有所值，或者出于各种理由才会打折，但对自己来说，这个是否真的要"买下"呢？在冲动购买之前，应当先停下脚步，进行一下批判性思考。

原本就"真正需要"的东西，无论多少价格，都会马上买下来吧。偶尔经过打折的店面才会想到要买的东西，今后恐怕也不会去买。

这样想来，冲动购买的本质不是想要得到商品"本身"，而是想得到"买到便宜货"（虽然也是花了钱的）的满足感。

心理学上称这种现象为"锚定效应"[①]，说的是特定的信息和条件给人留下的印象，会影响之后的判断和行动。

例如，同一种价值3500日元的饼干礼盒，分别放在A店和B店。

A店把礼盒放在1000日元左右的饼干中间，看到的顾客就会感到"很贵"。但是B店把礼盒放在5000日元左右的饼干中间，客人看了就会觉得"很便宜"。

仔细想来，放在A店和B店的3500日元的饼干，无论价格还是价值都没有变化。但是因为"锚定效应"，在B店买到的人就会觉得"买得值"。

在日常的购物行为中，也不要被打折价格迷惑，而要考虑

---

① 心理学名词，指的是人们在对某人某事做出判断时，易受第一印象或第一信息支配，就像沉入海底的锚一样把人们的思想固定在某处。——编者注

自己真正的目的，思考"这真的是需要买的吗？"，从而养成深度思考的习惯。

习惯5：区分事实和意见

接下来的这句话中，有多少"事实"呢？

"最近感冒十分流行，为了预防感冒，有很多人都戴上了口罩。"

正确答案是"零"。

感冒流行这件事情代表什么呢？医学上"感冒"这种疾病是不存在的，只是把咳嗽、发烧、鼻塞、全身无力等症状简单统称为"感冒"，其实这是很多症状的总称。

因此"感冒在流行"的前提是，要明确究竟什么样的症状才能算作"感冒"，如果这个不确定，那就很难得出预防措施。

"预防感冒"的对象实在太过广泛，所以要把全部症状都预防是很困难的。

"戴口罩的人增多"也是一样，也许只是某一次在某个场所碰巧有很多人都戴口罩而已。凭借主观的信息，很难断定"（为预防感冒而）戴口罩的人很多"。原本"很多人"的定义就很模糊，不好说什么时候算人多，什么时候不算。

如果在跟人讲话的时候运用批判性思维，你就会发现那些听上去是"事实"的话，很多时候也不过是说话人的主观意见而已。

当然，在跟熟悉的人随便聊天的时候，哪怕把事实跟意见搞混，只要聊得很开心其实也无妨。但是主动把事实跟意见分开来听的话，就可以养成批判性思考的习惯。

习惯6：尝试当一下苏格拉底

无论面对自己还是别人，无论是觉得正确还是觉得奇怪的事，提问都是最卓越的方法。

古希腊哲学家苏格拉底认为，对各种事物的"疑问"，在确认其本质的同时，还可以提升自己的智慧。

这就是"苏格拉底方法"（苏格拉底的问答法），根据问题，在自己或他人身上，找到更好的答案。

例如针对"顾客满意度很重要"这件事，反问"那么顾客的满意度究竟是什么呢"，对于"背叛别人是不好的"，反问"你觉得什么样的行为算是背叛"。

对于所有发言，不要放任不管，而是要找出某个"问题"。这种苏格拉底的方式，算是锻炼批判性思考的捷径。

习惯 7：不能放任对话的模糊

这是某个上司跟部下的对话。

上司："之前那件事，做得怎么样了？"

部下："啊，那件事啊。目前还可以吧。"

上司："那就尽快吧。"

部下："好的。我会再跟您汇报。"

这种对话十分常见。但仔细看来，不觉得有什么异样吗？

当事者对于"之前的事"，认为对方都明白到底是什么事，但他们所说的未必就是同样的事情。

而且部下对工作的进程表示"还可以"，这是说顺利呢，还是说之前顺利但现在遇到了问题所以暂时停滞了呢，也完全不清楚，还需要进一步确认。

上司说"尽快"这种时间限制，也没说具体到什么时候。之后部下回答说"会再跟您汇报"，也没提到什么时候，汇报什么内容。

像这样对每句话都进行批判性思考，就会明白"这完全是没意义的"，但平时的对话，很多都像这样，虽然逻辑不通，但居然都能沟通下去。

如果对这种模糊的话语放任不管，到了关键的时候，自然就会出现"进展不顺畅"的结果。

第 3 章

逻辑性展开

易于理解的表达方式

- 告别没有说服力的自己
- 用金字塔结构展开 —— 在头脑中展望
- 金字塔结构的建立方法
- 想进行全新思考的时候
- 尝试使用"归纳法"
- 从什么开始说才有说服力
- "没关系"并不代表真的没关系

3.1 告别没有说服力的自己

前面说的主要都是在自己的头脑中进行"逻辑思考"的方法，那么接下来就再向前进一步。进行逻辑思考的同时，也学习一下让对方易于理解的表达方式吧。

这个人到底想说什么？我知道他已经很努力地在表达了，但是最关键的东西还没有表达清楚。

例如——

"我想起来昨天看的杂志，那个咖啡馆的环境真不错，还做过电影外景拍摄地呢。下周想去看看……"

个人会话中经常会出现这样的内容。

共享很多信息和经历给朋友、家人、恋人时，这样说话通常不会让人感到异样。

但是在商务场合，这就属于让人无法抓住重点的NG^①表达方式。

---

① NG是"no good"的缩写，原本是电影术语，在此意指"不好的"。——编者注

就像刚才的对话，"看杂志想起来的是咖啡馆还是电影""想去的到底是哪个"，听起来好像清楚，但实际上并不清楚。没有逻辑性、表达不明确的话，是无法让对方正确理解的。

特别是当"自己有强烈的表达意愿"时，思维往往会跑得更远，容易把听话的一方当成木头桩子，一个人滔滔不绝，这一点务必要留意。

同伴之间的对话常常会说："虽然不太明白你想说什么，但你的热情我感受到了。"但是如果习惯于这种"随意的对话"，就意识不到逻辑思考的重要性，于是在工作交流和发表提案的时候，也容易受日常生活中这种不好行为的影响。

进行批判性思考和深刻洞察，让对方理解你并且产生同感，事情才能进展顺利，工作才能有好的结果。**逻辑思考能够让对方更容易理解你，能让你想说的话更有说服力。**

学生和年轻的职场人，要特别注意"职场对话和普通对话在结构上的差异"。

职场上所讲的话，基本要满足如下四个要素：

· 在说什么（主题·论点）

· 想说什么（结论·内容）

· 这么说的理由是什么（证据）

· 必须要做的是什么（行动）

说话的大前提，是要把这些要素明确表达清楚。

可能有人会说："是吗？但我们平时说话的时候，不会有这么强的说服力……"没关系，接下来我就把"说服力"这一工具简单地介绍给大家。

Step 2　深入查证（……所以会这样）

为了把自己的想法和点子表达清楚，进行批判性思考，就会发现很多有说服力的证据，说出"其实……所以是这样的"。

发现证据的人自己已经接受了这些证据，会因为"原来是这样"而兴奋，然后就很容易趁势一口气表达出来。

例如，有一种记录汽车移动中画面和数据的工具"行车记录仪"，这些年来的销售数量逐年增加。原本开发它的目的，是记录出租车等业务用车事故时留下来的证据。

但是最近，普通汽车用户也开始用它记录车外的风景和朋友开车的样子，然后出于娱乐目的共享到社交网络上。因此装载行车记录仪的汽车增多了。

如果大家觉得可以把它跟汽车销售捆绑在一起，用来提高销售额的话，就可能会想"好的，那尽快推出免费安装行车记录仪业务，来吸引顾客"。

先暂停一下。

刚才提到，在跟朋友谈话时，如果只顾着自己说，即使有对方不理解的部分，只要能大概明白意思，谈话也都能进行下去。但职场中必须要把"因为……所以会这样"的内容，进行进一步逻辑性展开，事情才可以顺利进展下去。

这就相当于为自己想表达的证据插上"说服力"这一对翅膀。

进行简明易懂的逻辑性展开的3个要点

接下来要介绍的"说服力"这个工具在很多工作场合都适用，下面是需要经常注意的3个要点。

①逻辑上是不是有漏洞（广度）

要确认自己想要表达的"事实和信息"是否有遗漏和重复，是不是只对自己有利的"事实和信息"。

也就是说，要确认证据逻辑范围是否够广。

②逻辑是否挖得够深（深度）

【作为论题的主题】【作为结论的关键信息】【作为证据的

事实和信息】，分别都要进行深刻洞察，发掘出"所以呢（So what）？"。

③逻辑是否讲得通（跳跃）

一眼看上去逻辑是通的，但还要经过深刻洞察发掘"原本是如何的呢"，来俯瞰逻辑的整体。反复进行"然后又如何（So what）？为什么是这样（Why so）？"来确认逻辑是否有所跳跃。

刚才提到的那个给顾客免费安装行车记录仪来吸引顾客的主意，现在就用"说服力"这一工具（在这里我们用一下金字塔结构方法）来测试一下吧。

【作为论题的主题】

· 免费行车记录仪是否能在汽车销售时吸引顾客

【作为结论的关键信息】

· 带行车记录仪的新车能产生娱乐效果

【作为证据的事实和信息】

· 行车记录仪在行驶中也可以让人安心
· 可以记录同伴在车内的样子，非常有趣

【作为论题的主题】 ▶ 免费行车记录仪是否能在
汽车销售时吸引顾客

↕

【作为结论的关键信息】 ▶ 带行车记录仪的新车能产生娱乐效果

然后又如何
（So what）？　　　　　为什么是这样
（Why so）？

【作为证据的事实和信息】 ▶

让人安心
行车记录仪在行驶中也可以

非常有趣
可以记录同伴在车内的样子，

成为回忆
可以记录下车窗外的风景，

行车记录仪的单价下降，大量采购成本方面也不会有问题

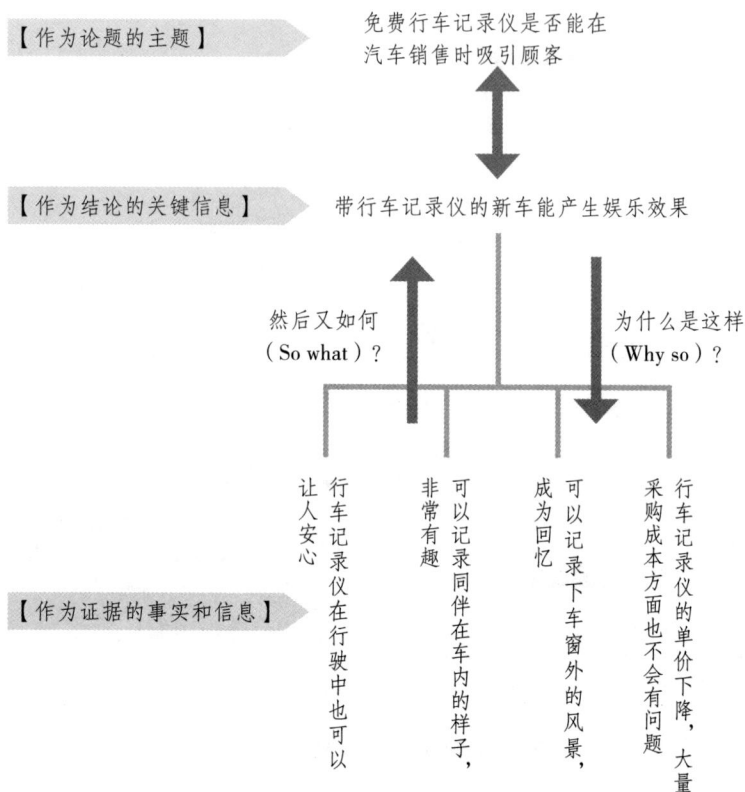

图5　行车记录仪的金字塔结构

· 行车记录仪的单价下降，大量采购成本方面也不会有问题

像这样，不仅将汽车作为"交通工具"销售，而是通过安装行车记录仪，加入了可以让行驶过程更加愉快的"娱乐要素"，以及可以让回忆变成录像形式方便分享的"信息机器要素"，这样来吸引购买新车的客人。

直说"免费安装行车记录仪来吸引顾客"会显得很没有说服力，如果通过金字塔结构进行逻辑性展开就会更容易让人信服了。

逻辑性展开时不要做的事情

"这次就先以增加新产品的订单为重，一定要达成目标。"

工作上经常会有这样"应该达成的目标"出现。当新产品"现在还缺乏魅力""很难让人感受到它的优点"的时候，我们也绝对不能说"这个看起来卖不出去，不卖了"。

真是让人犯难啊。

销售起来比较困难的新产品，要通过各种方法让用户购

买。这正是"说服力"起作用的好时机……

咦？稍微等一下。

原本"缺乏魅力，让人感觉不好"的产品，为了要销售出去，而使用逻辑思考去增加它的说服力，这样做可能吗？

从结论上来说，是可能的，但就算通过增强说服力能让顾客愿意购买产品，这种"虽然不是事实，但为它找到了看起来很有力的证据，并简单明了地传达出去"的逻辑思考法，我们也一定不要去用。这本身就是违反伦理道德的。

一流酒店和饭店使用的"假冒食材"曾经一度成为社会问题。实际上这种问题也是违反伦理的，可以说是逻辑思考的错误使用方法。

为了增强逻辑说服力而错误使用逻辑思考的案例

【作为论题的主题】

· 在碎肉中注入成本低廉的牛油，加工成高级牛排销售出去

【作为结论的关键信息】

· 主厨推荐、口感柔嫩的和牛肉排

【作为证据的事实和信息】

· 柔嫩的牛肉排给人高级肉的感觉

· 和牛的碎肉中注入牛油，做成成形的牛排，成本很低

·加工后的牛肉排烤好之后，看起来也跟牛排一样

如果为了将原本"缺乏魅力，没有好处"的注牛油加工肉卖出去，而在对自己有利的事实和信息的基础上，传达出有"说服力"的"主厨推荐、口感柔嫩的和牛肉排"这种信息的话，客人们听到这种关于和牛肉排的说法，就不会以为这是牛油加工肉。这样的话，传达出去的信息就和顾客的期待之间产生了"优良误认"（指让消费者产生商品比实际品质更好的误解）的错觉。

了解事实的顾客当然就会觉得被欺骗、背叛了。

这时必须要注意的是，提供产品和服务的一方，不能在"作为证据的事实和信息"与"作为结论的关键信息"之间进行逻辑的跳跃。这个案例就是明显违背伦理的。

"作为证据的事实和信息"中的每个条目（加工成形的牛排肉烤好之后，看起来也跟牛排一样……）分别看来都不是谎言，但是放在向顾客传达"柔嫩的和牛肉排"这一点的条件下，就是明显违背伦理的。可能会违反《景品表示法》[①]等法律，以及该肉是否可以算作牛肉排等"批判性思考"，在此刻已经被遗忘了。

----

① 日本一部广告监管的重要法律。——编者注

那么在理解了注意事项的基础上，来看几个将"逻辑性展开"更加通俗易懂地传达出去的案例吧。

3.2 用金字塔结构展开 —— 在头脑中展望

"想让相关人员同意新服务的企划"

"想做一个信息主体让项目推进得更顺利一些"

"想让大家都同意废除某条规定"

"想让大家都接受营业目标设定"

在职场中，很多情况下，我们都会设定种种需要传达给大家的课题，而且必须是有"说服力"的"信息"（将什么怎么样做）。

但是面对越复杂的课题，就越会冒出很多念头。

考虑太多的话，就容易变得不知道自己现在到底需要做什么了。

这时候就可以把自己脑中正在考虑的事情全盘整理一遍。

这个时候，金字塔结构就是可以让话语变得有说服力的有效工具。

金字塔结构，顾名思义，是以金字塔形状的逻辑积累，来让信息表达得更明确的一种方法。

使用金字塔结构传达信息（展开）有两个很大的益处。

首先可以让自己积累的事实和信息，以及表达信息的方法等逻辑结构变得"可视化"。

也就是说，让头脑中思考的事情像建造金字塔的石块一样"在眼前垒起来"，就可以把刚才提到的"逻辑是否说得通"以可视化的状态进行确认。

然后把石块一层层堆砌起来，就可以看到逻辑的金字塔整体是如何建立起来的。

第二个好处，是让接收信息的一方明确"这个想法是怎么得出来的"，从而更便于理解和接受。

自己也可以不因为"看到了什么，如何想的，要传达什么"而动摇或迷惑。对方也可以明白"为什么这么说"，交流得以顺畅进行。

3.3　金字塔结构的建立方法

让自己的想法变得易于理解且有说服力，似乎既简单又困难。

金字塔结构作为帮助沟通的工具，可以让对方更易于理解信息，增强信息的说服力，在所有工具里面，这是比较简单的一种。

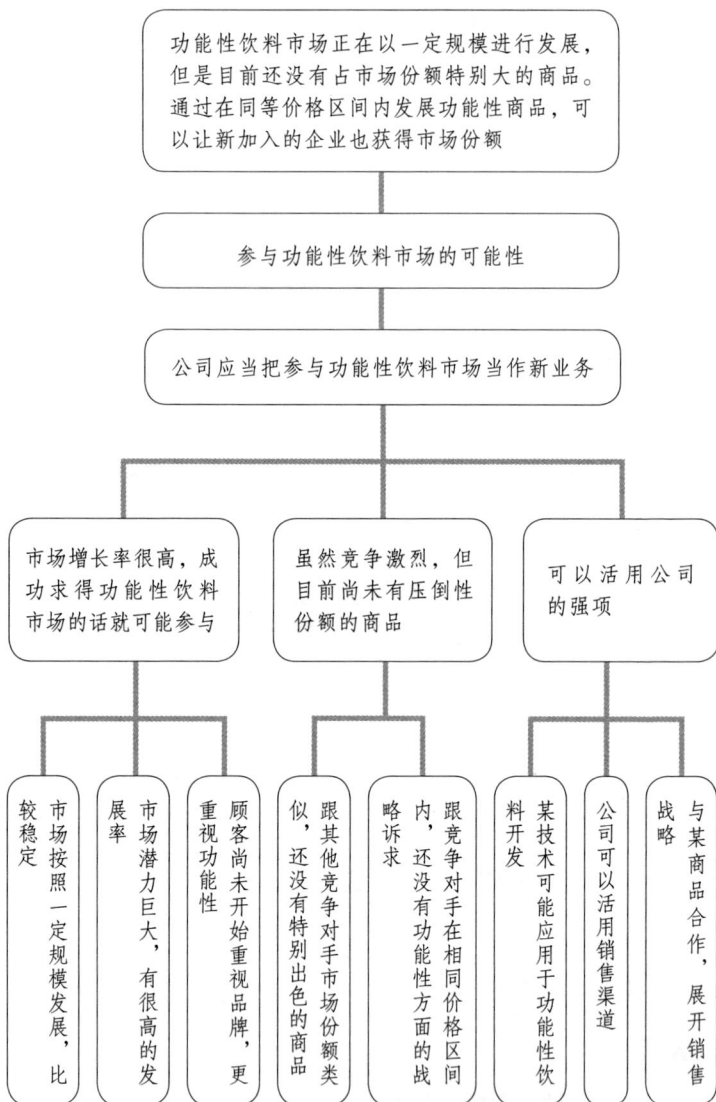

图6 功能性饮料市场的金字塔结构

图 6 就是金字塔结构的一个例子。最上面的是"关键信息"。

下面一层就像金字塔的石块一样，支撑着信息的思考、证据、方法等"关键线索"，用逻辑性排列在一起。

如果不适用这种金字塔结构的逻辑，而只是一味"姑且把想说的都说完"，会出现什么情况呢？

未用金字塔结构展开的文书范例

【新服务研讨报告书】

现针对新服务的研讨情况作出报告。

· 现在的市场规模已经扩大到××亿日元。

· 今后会有年均10%左右的发展。

· 新服务的利润率应当会比现有服务的利润率更高。

· 现在已有的新服务推进方法。

· 我们的优势是，对年轻用户有很大影响力。

· 竞争对手尚未推出新服务。

· 可以在公司内举行新服务企划大赛，选出优秀人才。

· 可以与网络媒体展开合作宣传新服务。

基于以上考虑，希望可以实行新服务的业务。

上文的文书，一看就是在上司"准备一下下次开会的新服务研讨报告书"的指示下做成的。

一眼看上去，理由成条列举，看起来很简洁，但为什么得出了"应当实行新服务"的结论，其中有什么样的逻辑思考，各个事实分别都代表什么意义呢？这些内容都不明确。

这就是让人觉得"虽然说的东西都正确，但还缺少说服力"的感觉。

用金字塔结构展开的例子

那么使用这篇文书，来建立一个金字塔结构吧。你会发现，它变得更加易懂，更加有说服力了。

首先沿着【课题】【关键信息】【关键线索（主要证据）】的路线，来进行"然后又如何（So what）？为什么是这样（Why so）？"的深入思考，导出如下要素：

【课题】

是否应当实行新服务

【关键信息】

应当如何具体推进新服务

【关键线索（主要证据）】

A. 市场魅力度

市场的增长率潜力很大，对收益有所帮助

· 现在的市场规模已经扩大到××亿日元。

· 今后会有年均10%左右的发展。

· 新服务的利润率应当会比现有服务的利润率高。

B. 竞争优势

通过公司现有的手段方法，可以开拓新市场，独占份额

· 现在已有新服务推进方法。

· 我们的优势是，对年轻用户有很大影响力。

· 竞争对手尚未推出新服务。

C. 公司情况

公司内外的条件完备，可以开始早期计划

· 可以在公司内举行新服务企划大赛，选出优秀人才。

· 可以与网络媒体展开新服务合作进行宣传。

　　如此展开金字塔结构，便成为图7所示的样子。通过展开金字塔结构，就可以明确【课题】，结论的【关键信息】，以及导出结论的【思考与证据】了。

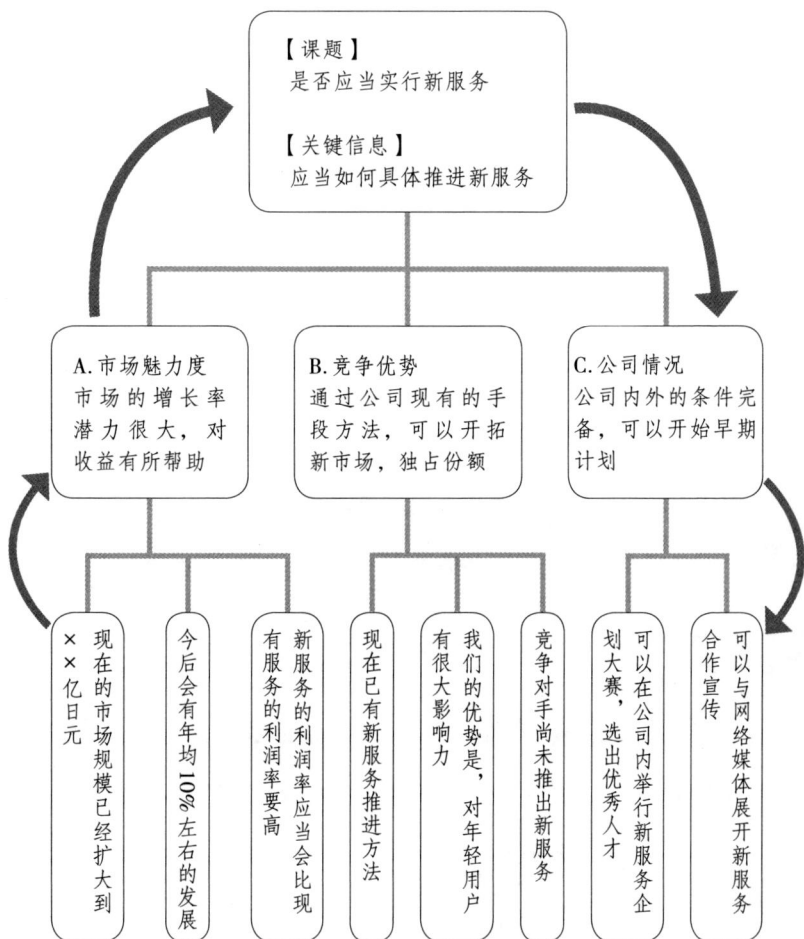

图7　新服务的金字塔结构

跟单纯把事实、信息以及想到的东西枯燥罗列的表达方法比起来，这种方法感觉更加易于理解，也更有说服力。

展开金字塔结构的步骤

Step 1　决定课题
明确【课题】是关于什么内容的思考。

Step 2　考虑逻辑框架
刚才的例子中课题为"是否应当实行新服务"，因此应当分组，对事业环境框架的 3C（客户·竞争·公司）进行分析。

Step 3　明确思考
进行"然后如何（So what）？"的深入思考，用信息明示出其意义。

Step 4　明确证据
进行"为什么（Why so）？"的思考，确认信息的证据。

金字塔结构的检查要点

· 结论是否回答了课题

· 横向呈现MECE分析法的关系（没有遗漏和重复）

· 纵向呈现"然后呢？为什么？"的状态

MECE意识

金字塔结构中的"关键线索（主要证据）"中显示的就是MECE的"相互独立，完全穷尽"的关系，这一点很重要。

为什么这么说呢？刚才的"是否应当实行新服务"课题中的金字塔结构，分别从市场魅力度、竞争优势、公司情况三个方面进行了逻辑性的检查。这时，如果分组的做法出现了"遗漏或重复"，哪怕得到了有明确证据的信息，也会发生逻辑的跳跃。

思考"是否应当实行新服务"时，行业环境是一个重要的影响因素。

分析行业环境的框架3C时，分成了客户（customer）、竞争（competitor）、公司（company）这三个方面。

如果框架是"市场、重度用户、公司"的话，"重度用户"就跟"市场"的分析有重合，而且会遗漏"竞争"这一方面的

MECE

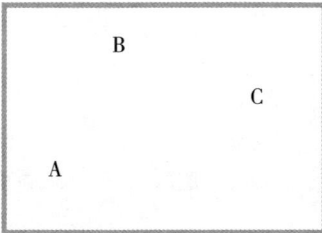

例：30岁以下的年轻人
　　A：0 ～ 10 岁
　　B：11 ～ 20 岁
　　C：21 ～ 30 岁

非 MECE

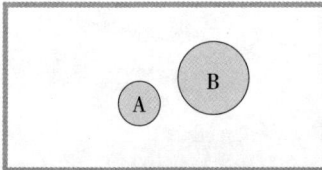

例：
全体：料理
　　A：和食
　　B：西餐

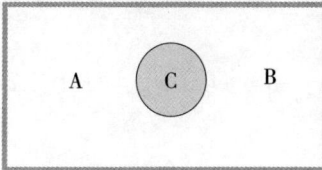

例：
全体：女性
　　A：单身女性
　　B：已婚女性
　　C：公司职员

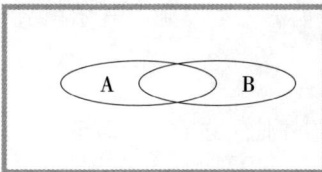

例：
全体：公司的全体职员
　　A：坐电车上班的职员
　　B：坐公交车上班的职员

图8 MECE分组举例

内容。

展开的逻辑如果有遗漏或重合，无论内容再怎么呈现金字塔结构，再怎么通俗易懂，还是不能称之为恰当的逻辑思考。

MECE 是 Mutually Exclusive Collectively Exhaustive 的略称。

其意思是"相互独立，完全穷尽"，逻辑思考中，简单把它称为"无遗漏，无重复"。

展开逻辑思考的时候，经常会遇到"要考虑什么，到什么程度为止"的问题，这时可以通过 MECE 方法，就可以实现"既没有遗漏也没有重复"的逻辑思考了。

从何开始、如何思考比较好

使用金字塔结构，使用让对方"易于理解""有说服力"的表达方法是很重要的。

但一开始的【课题】和【信息】要从哪里开始思考比较好呢？

像这样在"思考法"的位置停住了之后，可以使用"演绎法"和"归纳法"这两种思考工具。

尝试一下"演绎法"

演绎法这个名字听起来感觉有点难。实际上，这是我们在日常生活中自然使用的思考法。

【前提条件（大前提）】→【调研观察（小前提）】→【结论行动】

例如——

雨天电车经常晚点【前提条件（大前提）】

今天从早上开始就下大雨【调研观察（小前提）】

要比平时早出门【结论行动】

这种使用演绎法的思考，在【前提条件（大前提）】发生的时候，一定会得出有意义的【结论】。

最初想到的【前提条件（大前提）】，跟其他的信息组合，然后得出结论的思考法被称作"三段论法"。

大家可能也从别处听到过这个名字。三段论法其中一个有名的例子如下：

　　　　所有人都会死【前提条件（大前提）】

　　　　苏格拉底是人【调研观察（小前提）】

　　　　所以苏格拉底会死【结论】

职场上使用演绎法得出结论信息的例子如下：

　　　　智能手机的普及率接近50%【前提条件（大前提）】

　　　　电车中也有很多人用智能手机【调研观察（小前提）】

　　　　公司网站也要做出对应智能手机的版本【结论】

不过，使用演绎法的时候有一些要注意的事项。

【前提条件（大前提）】如果有问题的话，放入了错误的【调研观察（小前提）】，就会得出看似正确、实际错误的【结论】。

　　　　例如——

　　　　音乐迷在减少【前提条件（大前提）】

　　　　音乐CD的销售额在减少【调研观察（小前提）】

　　　　所以中止与音乐有关的企划吧【结论】

在这里"音乐 CD 的销售额在减少"是事实，但是不能说所有音乐类别的商品销售额都减少了。有很多海外的大牌艺术家的赴日巡回演唱会的门票很快一售而空，所以不能说"音乐迷在减少"。

但是最终得出了"所以中止与音乐有关的企划吧"的结论，相当于错过了一次商机。

使用演绎法思考，需要考验自己找到【前提条件（大前提）】和【调研观察（小前提）】的能力。

3.4 想进行全新思考的时候

就某个问题进行了很长时间的思考，但完全想不出好的解决方法，这种时候演绎法就起了作用。

演绎法通过发现不同的【前提条件（大前提）】和【调研观察（小前提）】，得出的【结论行动】也完全不同，但如果善用其性质，就可以沿着正确的方向进行思考。

举一个例子吧。最近日本新干线的安全思想和效率性都得到了良好的评价，也开始向全世界出口车厢和系统。

实际上，新干线也出现过问题，其根源就在于从架线上获得电能动力时装在车厢顶部的导电弓（集电装置）。新干线的最高时速达到300公里，导电弓与空气摩擦发出噪声（嗖嗖的声音）是不可避免的。

特别是在日本这样国土狭小的国家，新干线会紧贴住宅旁边高速行驶，因此对新干线的噪声标准控制的严格程度是世界第一的，规定要限制在75分贝以下。这相当于普通的吸尘器的噪声大小。

导电弓是从车厢顶部伸出，因此行驶速度越快，空气阻力越大，会形成一个空气旋涡，然后就会发出噪声。

为了解决这个困扰多年的问题，就需要用跟以往完全不同的前提来思考解决方案了。于是这一次的【前提条件（大前提）】就是"鸟类中的猛禽类①捕捉猎物时飞得又快又安静"。

于是焦点就集中在了猫头鹰身上。猫头鹰的翅膀上有独特的锯齿状羽毛，它们会制造出小型空气旋涡，防止能成为噪声源的大型空气旋涡形成。这样猫头鹰就可以在不发出拍打翅膀声音的同时，接近猎物。

之后新开发的新干线导电弓上，都装有模仿猫头鹰翅膀上锯齿形状的刻纹，成功将噪声控制到了标准值以下。

---

① 鸟类的一个类群。嘴强大呈钩状；翼发达，善于飞行；脚强壮有力，趾端有利爪；眼大，视觉敏锐；性凶猛，捕食其他鸟类和鼠、兔、蛇等。如猫头鹰、鸢等。——编者注

"鸟类中猛禽类捕捉猎物时飞得又快又安静"【前提条件（大前提）】

"猫头鹰的翅膀中隐藏着秘密"【调研观察（小前提）】

"模拟猫头鹰的翅膀做一个类似结构的装置吧"【结论行动】

为了解决新干线噪声这一工业制品的问题，把自然界的事实和信息作为【前提条件（大前提）】，感觉想法十分跳跃。实际上这种方法被称作"类推法"（Synectics），是很常见的一种方法。

想到有趣的想法时，不要让它只停留在想法阶段，而是通过使用演绎法的思考逻辑，转化成实际"可操作"的东西。

3.5 尝试使用"归纳法"

使用"归纳法"的思考跟"演绎法"一样，并不困难，在演讲等各种场合中都经常使用。

【多个事实·情况】→【类似的调研观察】→【推论

（结论）】

例如——

"便利店的纸杯咖啡很受欢迎"【多个事实·情况】

"其他行业的商店也提供这种咖啡，来吸引客人"【类似的调研观察】

"纸杯咖啡成了吸引客人的武器"【推论（结论）】

在和食店和书店进行以"增强商铺对客人的吸引力"为主题的演讲，就可以让这些不是咖啡馆的店铺，利用新武器"纸杯咖啡"来吸引客人，这时候就是在使用"归纳法"。

收集各种数据，然后找到类似要素，从中推导出可作为结论的推论（提案的内容等）。这种方法对我们来说算是很熟悉了。

职场上使用"归纳法"得出"推论（结论）"信息的话——

"日程本写得很规整的人，营业成绩就高"【多个事实·情况】

"能马上答复应对时间的人，营业成绩就高"【多个事

实·情况】

"营业成绩高的人更擅长管理实践"【类似的调研观察】

"提高营业成绩，跟学习时间管理方法有关"【推论（结论）】

在使用归纳法导出【推论（结论）】的过程中，观察力和想象力至关重要。

了解到现在流行什么【多个事实·情况】，然后进行【类似的调研观察】，找出其中有什么类似之处，要时刻保持这个意识。

在此基础上动用想象力"那么可以这么说吧"，得到【推论（结论）】，就容易产生新的构想了。

此外，用归纳法进行【类似的调研观察】时，每个人"看到的地方"不同，得出各自不同的【推论（结论）】也是当然的。

从刚才的"营业成绩高的人的共通之处"这种【类似的调研观察】，有些人可以得出"学习时间管理的重要性"，有些人就会想到"可以提高营业成绩的时间管理软件"的问题上。

3.6　从什么开始说才有说服力

即使有想要跟对方"表达的事情"，但也总是会烦恼不知道"从何说起"。在开始阶段发车虽然顺利，但途中车辆脱轨，话题转向莫名其妙的方向……

谈话过程中会听到"是的，是的"这种回应，但如果想让话语易于理解且有说服力的话，不只需要思考方法，"说话方法"也很重要。

大家平时都是在什么时候，注意到多少"说话方法"的问题呢？

逻辑思考是为了向对方表达而产生的思考方法，那么真正说话的时候利用的就是"基于逻辑思考的说话方法"。

要表达的说话方法和不表达的说话方法

向对方说的话是否传达到位，关键就在于"说话的方法"和"说话的门道"。

我们经常会把"那个人真会说话""我不太会说话，总是吃亏"等作为"没有好好表达"的理由，但事实并不是这样的。

事实是，每个人只要运用逻辑思考，就可以将自己想表达的事情传达给他人。

那么"能表达与不能表达"的关键钥匙，就在于说话的顺序。

按照正确的逻辑顺序传达的话，就可以让对方明白并理解自己的意见和期望的事情，传达信息的准确率就会变高。

说的话"没有表达"给对方，是因为欠缺主题→结论→证据→行动这四个要素，或者把它们的顺序弄错的缘故。

逻辑上来说讲话没有表达清楚的理由——

①不知道在说什么，不明白说话的"主题"

②最终不知道最想说的"结论"是什么

③不明白说的话是基于什么样的事实和解释的"证据"

④然后，不明白到底想让对方做什么样的"行动"

感觉如何？无法把想说的话表达出去，不是因为笨嘴拙舌，而是因为没有根据主题→结论→证据→行动这四个要素的顺序说话。

换句话来解释……

就什么内容说话→想说什么→是根据什么证据这么说→想做什么（想让对方做什么）

按照这个顺序说话，就可以解决表达不到位的问题。

让我们来比较一下职场上的这两种说话方式吧。

【表达不好的说话方式】

"为了提高效率，有必要使用云服务。我推荐D公司的服务，最近我个人也在用这个。"

这么说的话，只表达了自己个人在用D公司的云服务这一事实。具体要说什么，结论是什么，听话的对方要做什么，都没有说清楚。

【表达到位的说话方式】

要说的是制作部门共通的云服务导入问题（主题）

我认为D公司的服务是最好的（结论）

免费而且容量大，安全性也很高，做备份工作的效率会提高（证据）

可以的话就尽快推进导入准备工作吧（行动）

按照这四个要素的逻辑顺序来说话，"表达方式"和"说服力"就完全不一样了。

3.7 "没关系"并不代表真的没关系

刚才我们对使用逻辑思考"有逻辑性且易于理解"地向对方传达想法的思考方式和说话方式进行了探讨。

实际上在职场中向对方传达想法的时候,很容易就会在话中混入"5个NG词",造成不好的效果,在此一并向大家说明一下。

这些NG词(并不是全部)会让原本逻辑性很强的话变得没什么逻辑性,因此要多加注意。

NG词汇 1
"我个人来说"

表达个人的想法固然非常重要,但在职场上让对方接受,说出"这个不错"的时候,必须要附上客观的理由作为证据才可以。

有客观的理由作为证据时,我们也很容易表达为"我个人觉得没有问题"。

因此要用"从调查的结果看来是没有问题的"这种客观具体的话表达,这一点十分重要。

NG词汇 2
"我不愿意"

这句话能够确切向对方表达 NO 的意思，但是这跟小孩子撒娇没有什么两样。如果不说清楚为什么说不，对方是不会明白要怎么做的。

"我不愿意这么干，觉得太奇怪了。"

想这么说之前，首先要明确具体的问题，然后说出证据和自己想要的做法。

NG词汇 3
"我知道"

你要是真的"知道"那也没关系，但是你在不想同意对方说的话的时候（对方在说出正确言论的时候等），就会不自觉地说出这句话来吧？

"迟到是不对的。"
"我知道。"

确实没有几个迟到的人觉得"迟到是对的","我知道"这句话放在这里看似也并无不妥，但在这种情况下对方要确认的是"今后的行动"。

所以应当说"我明白这个不好，下次会改正"才是比较恰当的说法。

NG词汇4
"那我问问你"

没有接受对方说话的内容时，不回答对方的提问，而是反问说："那我问问你"，这种情况也时有发生。

> "项目成员还需要两个人。"
> "那我问问你，你知道我们团队现在很不好做吗？"

这种情况下，至少要确认对方为什么需要追加成员才可以吧。如果确认理由，可能会得到"离项目完工时间只剩一周了"的回答。

所以针对对方的问题，进行反论或者反问的做法，都是称不上有逻辑的。

NG词汇5
"没关系"

这句话经常无意识地在很多情况下使用。

跟职场的前辈询问"现在碰一下，还是之后再说？"，会得到"行啊，没关系"的答复，究竟是说"不碰头也可以"呢，还是"要碰头的话，之后再说也行"呢，还是"我不想跟那个前辈碰头，所以算了"呢，真是完全不明白。

对方可能是因为"不想说出真心的想法"所以才说"没关系"，但如果自己使用这么模糊的语言，就会离逻辑思考越来越远了。

第 4 章

批判性思维

——这个不错哦

- 从与大家都一样的思维中脱离
- 跳出自己进行思考
- 想不出点子，是因为"没有进行逻辑思考"
- 越独特的想法，越需要逻辑思考

4.1　从与大家都一样的思维中脱离

现在我们终于到了逻辑思考过程中三个步骤的最后一步。到现在为止，我们已经能够用批判性思维得出"属于自己的意见和提案"了。

深入发掘"前提"，明确这么说的"证据"，表达只有自己说得出来的深刻意见，然后让对方说出"这个不错"的赞同。

但是，无论逻辑思考能力多强，多么明确信息的根据和来源，如果没有关键的"结论"和"行动"，输出的想法就会没有魅力，这样就无法得到对方"这个不错"的赞同。

本书的引言部分，介绍了在结婚纪念日给妻子项链作为礼物的"输出行为"，但是没有得到对方的欢喜的K先生的案例。

"首饰排在女性喜爱的礼物排行榜前列"【前提条件】

"妻子在网上看过项链"【调研观察】

"把项链当作惊喜送给她作为结婚纪念日礼物吧"【结论行动】

用"演绎法"进行逻辑思考的 K 先生的思考和行动，从逻辑上来看并没有问题。

但是妻子之所以不开心，就是因为输入的想法【前提条件】原本就不是通过批判性思考得出的想法，因此也就无法得到让妻子怦然心动、射中靶心的输出【结论行动】。换言之，这并不是"K 先生独立的想法"。

"结婚纪念日送她女性都会喜爱的项链作为礼物"这个想法，不只是 K 先生，其他人也能想得出来，其中又缺失了"妻子原本想要我做的是什么"这一批判性思考。也就是说，缺乏"只属于 K 先生的独立想法"。

为了让对方说出"这个不错"，需要用想法将对方的内心（内心深处真正的心情、感情）引导出来。为此，我们要将想法本身进一步进行"批判性思考"，从中引出结论和行动作为输出。

Step 3　持有属于自己的意见（这个不错）

在想法中进行"批判性思考"，不能只局限于眼前的课题中烦恼"要怎么办呢"，这样是无法开始思考的。

这里，我们推荐现在很多人都使用的"创意思考法"。

创意思考法，听起来是那些从事创造性工作的人才会用的方法，但实际并不是如此。它在我们的生活和工作的各种场合中，都能起到作用。

例如，有朋友拜托你在他的结婚典礼上当二次聚会的主持人。怎么办好呢？如果不能让场面活跃起来怎么办呢……

感受到各种压力的同时，你会上网查资料，在书店找很多《主持的秘诀》之类的书，看起来哪个都合适，但看起来自己做都很困难，就会不知道自己到底要怎么做才好。

"还是让其他人来做吧。"

这样就会变得消极起来，看到电视上的综艺节目，草根在舞台上模仿明星，让大家猜猜自己模仿的是谁。

（如果在这样的节目中当主持人的话，那是多么轻松愉快啊。）

想到这里的一瞬间，你灵光一闪，明白了！自己不需要承担所有主持工作，而可以把麦克风轮流递给参加二次聚会的人，让他们出一些带有自我介绍性质的小谜题，这样气氛可以活跃起来，自己也不费力。

你把这个想法跟要结婚的朋友说了，得到了"这个不错啊"的赞同。

这样的想法在日常生活中也经常出现。实际上，很多创意思考法都可以使用一种叫"等价交换"的手法。

使用等价交换法

具体的思考要按照以下四个步骤进行。

①设定对象主题

②找到可以跟对象进行等价交换（相同性质、作用的事物）的东西

③将等价物放在主题中，然后进行构思

④使用③的构思，放回原主题中进行思考

这个方法用在刚才那位要当结婚典礼二次聚会主持人的主题上，就是：

①当结婚典礼二次聚会的主持人（主题）

②草根出题的娱乐节目（等价）

③草根出的题目是不可预测的，非常有趣（构想）

④参加二次聚会的各位来出题，减轻主持人的负担，活跃气氛（回到原主题的构想）

就是这么简单。

如果一直局限在结婚典礼二次聚会的主持人这一思维框架

中，就只能想出大同小异的点子。将其放置在相同性质和作用的主题中，然后进行构想，就可以得出新的结论。

尝试一个人做头脑风暴

在想点子的时候，大家经常会听到"来头脑风暴吧"这种说法。

多个人进行头脑风暴，就会得到很多角度的看法和主意，这样一来我们就会容易想到"头脑风暴＝大家一起才能做的事情"，其实，自己一个人也是可以做头脑风暴的。

头脑风暴源于英语"brainstorming"。英语中的brainstorm有灵光一闪的意思，并没有说一定要多人一起才可以做。

重要的是，开拓新的构思法，设定可以促进灵光闪现的问题。

这是因为，人在没有框架束缚的自由状态下，反而无法进行自由的构想，这是一种矛盾的情况。

例如，经营杂粮点心的糕点企业经营者们说"为了开拓新视野，你们说什么都可以，自由地去想点子出来"的话，会产生什么效果呢？虽然说是自由的，但是范围太宽泛了，反而什么都想不出来。

那么"你们想一些能让大人也愿意吃的杂粮点心品种"这

个问题会带来什么效果呢？"适合喝酒时吃的成年人点心"以及"能成为收藏品的附赠礼物的杂粮点心"等主意就会层出不穷。

这就是所谓的在什么都没有的"自由"状态下思考，还不如在独创的、具体的"问题框架"中进行头脑风暴，更加能促进想法，实现真正的自由思考。

最重要的是，批判性思维可以促进高质量的头脑风暴，在开始的时候设定最合适的问题。

这不是让大家完全在"箱子"中进行思考，也不是在完全没有"箱子"的情况下思考，而是准备一个"新箱子"，让大家在其中思考。

如果"新箱子"准备得好，设定了合适的问题，那么哪怕是自己一个人，也可以就需要输出的主题，摆脱"能做还是不能做"的框架，自由进行各种思考，产生各种想法和点子。

进行头脑风暴时，要遵守如下的5个规则，这样更容易产生批判性的构想。

①设定合适问题（促进思考的"新箱子"）

②无论什么样的想法和点子，都不要予以批判，这样是不会得到结论的（禁止批判）

③哪怕是粗略的构想也请自由发挥（自由奔放）

④比起完成度和质量来说，更要重视数量（量大于质）

⑤用想出的点子来进行下一步构思（发展性展开）

然后，最终跟头脑风暴的目的和主题进行对照，将"可以用"的想法进行"具体探讨"。

从结果上来考虑，最终适合做"具体探讨"的，是有可操作性且有趣的点子和想法，这些想法也是通过批判性思考（深刻洞察），在核实的问题基础上，进行头脑风暴而产生的想法。

促进想法的"新箱子"（合适的问题）促成头脑风暴的例子

"因为用户缺乏了解而产生的给你们带来压力的问题都有哪些？"

智能手机充电后会很快没电；

如果不接充电线，只通过无线电波就可以充电就好了；

智能手机不用担心定额充电的电池没电。

4.2　跳出自己进行思考

大家应该都吃过便利店受欢迎的商品"中华冷面"吧。

我们往往以为中华冷面在一年当中最热的时节才会卖得好，但在盛夏以外的季节，中华冷面也是卖得不错的，这一点想必大家不知道吧？

街上的中餐馆到了夏天就会贴出"中华冷面开卖"的海报，除此以外的时间，菜单上都不会出现中华冷面的字眼。

既然如此，为什么便利店的中华冷面在寒冬以外的春夏秋三季都卖得不错呢？便利店给人的印象是高效经营，因此感觉不会把"卖不出去的产品"放在货架上。这其中蕴含着什么样的销售秘密呢？

实际上，便利店巨头 Seven-Eleven 公司，在不同的季节，会将中华冷面汤的味道换成不一样的。

春寒料峭的时候会用"口感温润的汤"，盛夏的时候会用能感到凉意的"有酸味的汤"，到了稍有凉意的秋天就会用"略带甜味的汤"。因此即使是看起来一样的中华冷面，也要跟随不同季节提供最美味的口感，才可以全年都很畅销。

从常理来看，即使再好的便利店，在除酷暑以外的其他季节都不应该卖得出去中华冷面，但如果批判性思考"夏天以外的中华冷面就不美味吗"，就可以打破固有观念，到达新构想的彼岸。

我们认为"中华冷面是夏天的食物，因此只能在夏天卖出去"的这种推论，实际也是陷入了思维定式里面。

在这里我们要推荐的是可以让任何人打破思维定式的"六顶思考帽"思考法。

使用"六顶思考帽"

该方法顾名思义，戴着六顶帽子，每个都代表一种不同的思维模式。通过成为自己以外的人，来自动打破自己的固有观念和思维定式。

①白帽【客观的思考】——从数字、数据和可信的信息出发进行思考

②红帽【感性的思考】——用感情、感觉和直觉进行思考

③黑帽【否定的思考】——从课题、风险和损失等方面进行思考

④黄帽【肯定的思考】——从价值和利益等方面进行思考

⑤绿帽【创造性思考】——从创新的、之前未出现过的方面进行思考

⑥蓝帽【过程管理思考】——从整体的可实现性进行思考

　　戴着某种颜色的帽子（实际上用各种颜色的卡片也可以）时，就只能用该颜色决定的思考方式进行思考。

　　通过这种方法，就可以考虑到自己平常没有想过的方面。

　　例如，想要卖出更多日本酒的酒屋老板在思考，怎样能让年轻人和女性了解日本酒的魅力呢？针对这一课题，我们用"六顶思考帽"来想出主意。

　　①白帽【客观的思考】——从数字、数据和可信的信息出发进行思考

　　京都的酒窖中，日本酒的出货量连续30年一直在提高

　　在海外的日本酒人气越来越高

　　②红帽【感性的思考】——用感情、感觉和直觉进行思考

　　喝日本酒符合"大和抚子"①的形象

　　大吟酿②等日本酒其实比想象中更容易喝下去

　　③黑帽【否定的思考】——从课题、风险和损失等方面进行思考

　　年轻人越来越不爱喝酒了，让他们爱上日本酒很困难

---

① 对日本女性清雅美态的称呼。——编者注
② 日本清酒的等级名，即最高等级的日本清酒。——编者注

日本酒没有年轻和朝气蓬勃的感觉

④黄帽【肯定的思考】——从价值和利益等方面进行思考

对现在的年轻人和女性来说，日本酒反而是新鲜事物

日本酒有美肌效果，适量喝对身体有好处

⑤绿帽【创造性思考】——从创新的、之前未出现过的方面进行思考

在年轻人和女性都喜欢的国际足球比赛中加入日本酒赞助如何？

⑥蓝帽【过程管理思考】——从整体的可实现性进行思考

在各地制作面向东京奥林匹克宣传的"支持日本的日本酒"

使用"六顶思考帽"，可以好几个人一起边换帽子的颜色边想主意，自己一个人做也没问题。

这样的思考和想法，会比你以为的更多，有机会的话尝试用这种方法考虑自己的课题。

4.3 想不出点子，是因为"没有进行逻辑思考"

刚才介绍了几个创意思考法，批判性思考（以深刻洞察为基础的思考）跟我们常说的"好想法"还有一点区别，希望大家能够清楚。

可能你会觉得，创意思考法只会让那些"原本头脑就柔软灵活的人"以及"富有创造性的人"灵光一闪，对普通人来说有些困难。但是原本人类就是从什么都不知道的状态，突然冒出很多想法和主意的。

即使是那些看起来很有创造性和想法的天才，也不会在没有课题作为前提（没有问题意识），不观察事实和信息作为输入的情况下，就轻松得出让对方赞同的想法（输出）。

也许不是每个人都能意识到思考过程就像自动机械一样，但想法的产生，确实是通过一定的"系统"来进行的。

创意思考和灵光一闪，并不是偶然发生的，而是通过非常具有逻辑性的系统——逻辑思考而诞生的。

从人脑的结构和机能来看，创意思考实际上是非常有逻辑性的思考。

大脑皮质通过感觉器，从外部各种信息和刺激中认识并学习，然后通过联想功能，将神经网络与联想功能结合，人脑才产生了很多想法。

我们过去经常体验的"灵光一闪"的情况，就是通过大脑的逻辑系统工作，将过去的种种经验和知识，以及五感得到的信息进行组织，最终导出点子的。

我们人类的头脑，原本就具备可进行逻辑构思的结构，因为如果巧妙地设定前提课题（提出适当问题等），之后只需要跟随逻辑思考，就可以产生灵光一闪的想法。

这么想来，不擅长想出主意的人，原本就是不存在的。

4.4 越独特的想法，越需要逻辑思考

知名博主Chikirin能尖锐地看穿世界上各种问题的本质，而且用独特的方法揭露出来，一直大受欢迎。每月博客浏览量达到200万次的"Chikirin日记"，大家可能也看过。

Chikirin说的话，会让人觉得"原来如此，是这么一回事"，会提出非常尖锐的观点和视角独特的问题，而且内容也是带有不可思议的说服力。

例如2014年1月1日的文章标题是"告知全国的小朋友：压岁钱应该马上花掉！"，主张"把压岁钱煞有介事地存起来是非常奇怪的事情"。

大家可能也有过类似经历，还是孩子的时候，过年拿到了

压岁钱，但大人却说"要好好存起来"，不让你花出去。

"孩子会马上把钱乱花"，家长的这个理论乍一看是正确无比的，而且"让孩子有很多钱不是好事"，这个价值观看起来也是对的。这些都是将过去的经验，或者是以往的教育当作"前提条件"的。

在此，Chikirin提出了反调，挑战了"前提条件"的思维定式，提出了很有说服力且非常独特的想法：正因为是孩子，所以才应该让他们把压岁钱马上花掉。

实际上，Chikirin的这篇博客文章，不仅说了压岁钱的问题，更重要的特征是，把独特的视角和想法产生的主张，用非常有逻辑性的思维表达出来。

这篇文章是基于本书的主题"批判性思考（通过深刻洞察得出自己的想法），逻辑性展开（用简单易懂的方式表达）"等逻辑思考的方法所写，因此也是便于理解且有说服力的。

【课题】

孩子是否应该把压岁钱存起来

（课题背景）

无论哪个年代，压岁钱对孩子来说都是一笔巨款，如果花掉的话，就可以买下那些平时买不起的东西，有巨大的使用价值。

　　但是听大人的话，把压岁钱"姑且先存起来"，等到自己长大以后，就完全忘了"用压岁钱买过什么"。（引用原博客）

【前提条件】

金钱价值上升的速度，和本人赚钱能力上升的速度有差异。

【调研观察】

孩童时代存的 5000 日元，经过数年之后再用，是感受不到巨大的喜悦和感激之情的。

　　比如说上小学的时候得到了 5000 日元吧。

　　对孩子来说，5000 日元是靠自己的努力无论如何都获得不了的巨款。当时如果买了自己求之不得的东西，那就会觉得"太棒了！高兴死了"。

　　但过了几年成为高中生的时候，存起来的 5000 日元感觉已经不是最初那种巨款了。

　　打工的话，一天就可以赚到这么多，或者自己想要的东西已经不是原来的价值，所以在小学时候用掉这笔钱的

感激之情，再也得不到了。（引用原博客）

【结论行动】

孩子应当把压岁钱马上花掉，而不应该存起来。

养育孩子（我们赚钱的力量之源！）不等同于让他们存款1万日元，而是使其在小的时候就与未知世界相遇，得知"世界上还会有这种事情"，感受那份惊愕和冲击。

压岁钱让本人马上用掉的话，会有极大的价值，但是如果存起来过了好多年后，反而会使价值降到只是"生活费的一点儿补偿"而已。

理解了这些，再回到孩童时代，就会明白"把得到的压岁钱马上用掉才是上策"。（引用原博客）

然后Chikirin还说"成年人对钱的思维方式也应该是一样的"。

最近二三十岁的人都开始考虑"退休后的事情"而为此开始存钱，但是作者就提出了【课题】：这真的会带来价值吗？

二十岁的时候用几万日元，每个月可以有很多出去喝酒的机会，可能会遇见改变你人生的人，或是左右你人生的话语和机会。

用这些钱去看的展览、读的书、旅游的目的地，都可能是引导你迈向下一个舞台的事物。

限制自己的旅游和交际，牺牲很多宝贵实践去节约那么一点钱，到了四十岁的时候，对你来说那几万日元（加利息），已经不是什么大金额了。

或者说，如果你可以顺利成长，这个价值跟二十岁的时候（为了存钱）省下的那些东西价值相比，真的不值一提。

存钱真的是比开拓自己世界的消费更好的用钱方法吗？如果这样想的话，你已经不信任自己将来的自我价值了。（引用原博客）

之前说孩子压岁钱的问题，就足够有说服力了，然后作者还进一步跟"大人用钱的方法"联系起来，让人感觉到这篇博客的独特想法，以及跟现实问题的结合。

第 5 章

用批判性思维和
逻辑思维实现全新的飞跃

- 不能只靠逻辑
- 培养"批判性 + 逻辑性"的笔记术
- 为什么年轻人创业总是会败得很惨？
- 写出让自己思考"顺利进行"的脚本
- 通过脚本法来"预见未来"
- 省下时间去做真正有用的事
- 了解"逻辑思考"的不足之处

5.1 不能只靠逻辑

"错误是不好的东西。所以大家一定不要犯错。"

听到这样的话，估计没人会说"不错"。逻辑上来说没有问题，但会让人想进一步问：然后呢？

带着这个问题，能够探究到什么样的课题（批判性思考）。然后就自己设定的课题，进行以下三个步骤的活动：

Step 1　亲自确认前提条件（这是真的吗？）

Step 2　深入查证（……所以会这样）

Step 3　持有属于自己的意见（这个不错）

用以上三个步骤进行逻辑思考即可解决问题。这样将"批判性思考"和"逻辑思考"珠联璧合，就会让人说出"这个不错"的回答了。

本书将批判性思考（通过深刻洞察得出自己的想法），逻辑性展开（用简单易懂的方式表达）作为逻辑思考的基本进行陈述，也是有现实理由依据的。

一般在职场上我们会运用批判性思考找到"自己的想法和课题"，但往往会止步于"好想法"的阶段而不继续下去。而只有运用逻辑思考将"好想法"通过"正确的实践得出结果"，才会得到好评价。

经常有人说"逻辑思考在职场上行不通"，但那正是因为批判性思考在得到课题之后就止步不前的缘故，或者是"逻辑上正确"，但没有用批判性思考对属于自己的课题进行设定。

在职场中如果想让周围人都赞同你的逻辑思考，要用批判性思维设定属于自己的课题，然后逻辑性展开成便于理解的具体行动。

例如"必须不能犯错"这种想法继续深入挖掘，会得到"然后呢"的问题，从而打造属于自己的课题。

【课题】

比起错误本身，发生错误的环境才应该是问题所在吧？

【前提条件】

把办公室整体清扫一遍，来减少错误

【调研观察】

确定办公室内顾客资料和促销品的位置，分类别整理

成一目了然的资料，这样可以减少80%的错误

【结论行动】

将个人管理的顾客资料和促销品进行共享

这样就不是把焦点集中在错误本身，而是进行批判性思考，发现"发生错误的环境比错误本身要重要"，然后通过逻辑思考，开展便于理解的具体行动，并让他人赞同，这是非常重要的。

只进行到"好想法"的阶段是不行的，跟大家一起做"想当然的正确工作方法"，会让自己随波逐流。"批判性思考＋逻辑"可以让人在职场上"吃得开"，无论什么情况都可以产生创造性的好点子。

5.2　培养"批判性＋逻辑性"的笔记术

"逻辑思考如此重要，我很想学到它，但我也没有在做跟逻辑思考相关的咨询类工作，没有这种机会去学……"

可能也会有人产生上述的想法，但逻辑思考不是从事咨询工作的人才应该具备的素质。

例如街上的杂货店老板，也要使用逻辑思考。

看到一位客人在萝卜的货架前犹豫着。仔细看来，这位客人手上拎着附近鱼糕店的塑料袋。这时如果大家是杂货店老板，会怎样跟客人搭话呢？

　　A.这位客人，萝卜是当季的，很新鲜。
　　B.这位客人，需不需要给您切成一半？

无论哪句话，作为杂货店老板来说，都是逻辑上正确的应对客人的方法。想卖出萝卜，就要宣传萝卜的新鲜，这是肯定的，而且把长长的萝卜切成一半，这也是经常提供的服务。

但是看到装糕点的小袋子，就要想到可能这位客人是要买关东煮的材料，所以才来买萝卜的。

从这里就可以开始逻辑思考了。

【课题】
　　怎样才能让眼前的这位客人买下萝卜呢？
【前提条件】
　　冬天，做关东煮用的萝卜卖得很好
【调研观察】
　　眼前这位客人拿着鱼糕店的袋子，要委婉地跟客人进行确认

【结论行动】

可以把萝卜切成一半，适合做没有很多人一起吃的关东煮；提出方案"这个萝卜适合做关东煮，切成一半怎么样？"

这样一来，就从自己的"好想法"开始进行逻辑思考，进行让对方赞同的提案，这就是逻辑思考的妙处。

这位杂货店老板，不应当只宣传当季萝卜的新鲜美味，还应该动用逻辑思考，想到"做关东煮一整根萝卜太多了"，而提出"切成一半比较好"，这样客人买萝卜的概率才会提高。

实际上逻辑思考对学生和从事各种工作的人都有用处。

例如，职场上向上司申请下周的带薪休假，但没得到好脸色。无论你多么有能力，跟上司的关系和职场的气氛也不应该变得不好。这时就需要"用逻辑思考反过来想"。

说话的时候可能没怎么过脑子就说出去了，但用写的方法，就可以判断出"这句话没什么逻辑性"。

做法很简单。回想当天见过的人和做的事，进行逻辑思考，"为什么没跟他说清楚？""为什么原本OK的事最后变成NG了？"这样把一个个例子都写进笔记里。

当然最初会有很多失败的情况。但是不要放弃，要养成用逻辑思考确认事物的习惯，这样批判性思考＋逻辑才会得到锻炼。

【回顾的问题】

跟上司申请下周的带薪休假但得到了不好的脸色

【前提条件】

公司规定带薪休假申请必须提前1周

【调研观察】

跟上司相关的项目出现了问题

为了解决问题，需要人手

【结论行动】

（回过头来）

换个时间申请休假更好

先申请解决项目的问题会更好

跟上司说下周申请带薪休假的同时，提出支援项目，如果问题没有解决，就取消休假

5.3　为什么年轻人创业总是会败得很惨？

最近有些二三十岁的公司白领，开始跨越组织的框架，与在社交网络中认识的同伴一起构思新的想法和创意，但是大部分想法都只停留在想法的阶段。即使大家觉得"这个点子行得通"，然后兴致勃勃地开始创业也大多会败得很惨，这是为什么呢？

我认为其中一个原因，就是逻辑思考不足。

我们跟同伴得出不错的想法时，常常只想着想法本身，对如何破除实现想法的障碍，怎样能传达出想法的价值，跟结果能不能挂上钩等方面的思考则容易被忽略。

而当有了创业的企划和预算时，我们的思维又很容易向"如何才能尽早落实"的方向偏移，想法本身是否有价值，就往往顾不上了。

结果无论是哪种情况，"好想法"都无法实际到达商业化的阶段。大家想必已经清楚了，这些问题都是可以通过逻辑思考来解决的。

将实行新计划的可能性用逻辑思考表达的好处

· 容易得到赞同，避免陷入老一套的思维模式

· 大幅减少"有勇无谋"的风险

· 能区分出在当季主题中哪些是"只会流行这一阵"，缺乏发展空间的

· 修正那些看起来很有趣但"无法商业化"的想法

· 与别的想法组合，进一步提高可实现性

5.4 写出让自己思考"顺利进行"的脚本

使用逻辑思考提出属于自己的意见和想法，可以得到大家的赞同，但这并不能算是我们的目标。

因为在职场中，得到赞同后将意见和想法付诸实践，最终得出结果后，才会被人称赞"做得好"。

在这里需要注意一点。得到大家的好评后，在实践意见和想法时，会容易受到之前好评的影响，产生会得到"好结果"的错觉。

好不容易得到赞同了，但结果却与预想的背道而驰，没有实现目标，反而还发生了意想不到的问题。这种情况也是有可能发生的。

"咦，但是不做到最后就没办法知道结果会怎样啊！"可能也有人会这么想。这话说得没错，但如果进一步运用逻辑思考，在意见和想法的试行阶段，也确实会有促成"好结果"的方法。

5.5 通过脚本法^①来"预见未来"

如果一直怀着"不去试试就不会知道"和"成事在天"的想法去做事，运气好碰到好结果当然万事大吉，但是如果没有好结果就麻烦了。

本书介绍了逻辑思考的主题，也阐述了对这些主题进行属于自己的深刻思考，而后进行逻辑性展开的方法。也就是说运用逻辑思考，从多个视角出发，将自己"想要做的事情"用对方易于理解的方式表达出来，展示证据并取得同意。

也就是说，对于"将意见和想法付诸实践之后会发生什么"，如果运用逻辑思考把想法让人接受的过程表现出来，就不一定要把事情做到底才能知道结果。

这种"用逻辑思考预测未来过程"的方法，就是"脚本法"。

"脚本法"就是预测未来将要实践的事情"发展顺利会怎样""发展不顺利会怎样"，然后针对各个局面的"对策"准备好脚本。

无论多么让人赞同的计划，实际做起来都可能发生问题。

---

① 脚本法又称前景描述法、情景分析法，是假定某种现象或某种趋势将持续到未来的前提下，对预测对象可能出现的情况或引起的后果作出预测的方法。——编者注

有时计划进行得比想象中顺利，反而会产生一些不好的情况（例如商品卖得太好，供给跟不上然后遭到投诉）。

像这样在事前设想脚本，然后模拟对策的话，无论遇到什么情况，都可以给出恰当的方案。

此外，通过分析脚本，可以让他人对你的想法产生"信赖感"。

说一个年代久远的事情，大家想必都知道1929年在美国发生的经济大恐慌。

当时，很多的企业都被迫重新整改，当时事业刚刚起步的麦肯锡公司接受了对企业合并和收购的脚本分析，之后作为咨询企业得到了大家的信赖，不断进行发展。这件事情现在知道的人并不多。

当时说到企业的价值分析都是以"过去的情况"为中心。麦肯锡进行的"脚本法"，是对企业将来会如何发展，企业投资的时候会有什么样的风险，保守估计的话会有多少收益，实质的现有价值跟投资额相比是赔还是赚等方面进行的分析。

所以脚本法说起来就好像是"坐着时间机器去看到未来可能发生的事情"一样。

当然，即使用脚本法，也不可能100%地去除不确定的要素，但是这跟完全不使用脚本法的情况差距还是很明显的。

试着实行脚本法

例如制订"废止例会，将业务高效化"的计划，会做什么样的脚本分析呢？

①实行计划的时候至少要做2个版本的脚本

要从顺利进行和不顺利进行的角度来考虑脚本。通常都是分成4个版本进行脚本法，这次我们分成2个版本。

A.进展顺利的情况

"自发增加真正必要的会议，将业务活化起来"

"会议可以不中断业务，增加工作注意力"

"不需要准备会议资料，提高业务效率"

B.进展不顺利的情况

"减少了信息共享，无法活用过去的事例和方法"

"需要跟进的工作被忘却，顾客满意度下降"

"推进工作的方法各种各样，整体的生产效率很低"

②对可能会发生的情况预想对策

接下来，针对这个脚本考虑对策。

A.进展顺利的情况

"自发增加真正必要的会议，将业务活化起来"

→自发地在会议上组织起共享意见和想法的方法

"会议可以不中断业务，增加工作注意力"

→集中注意力，挤出时间来进行创造性工作

"不需要准备会议资料，提高业务效率"

→将纸质资料传到云资料中

B.进展不顺利的时候

"减少了信息共享，无法活用过去的事例和方法"

→表彰能够出成果的方法

"需要跟进的工作被忘却，顾客满意度下降"

→安排一位负责支援业务的专职同事

"推进工作的方法各种各样，整体的生产效率很低"

→确认并共享最低限度的共同业务

③预想到紧急度和重要度

将想好的对策按照紧急度和重要度作矩阵对照，从紧急且重要的工作着手，或者准备着手（参照图9）。

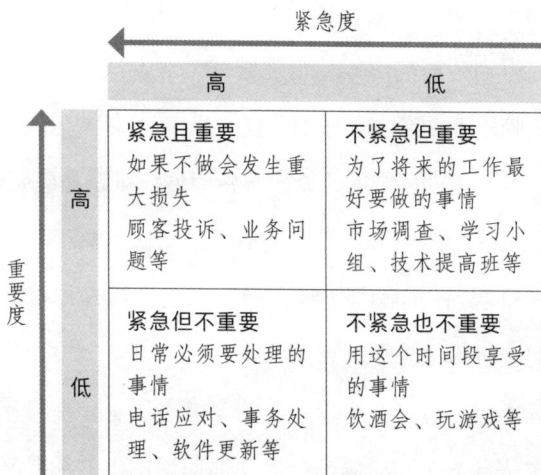

紧急度

	高	低
高	**紧急且重要** 如果不做会发生重大损失 顾客投诉、业务问题等	**不紧急但重要** 为了将来的工作最好要做的事情 市场调查、学习小组、技术提高班等
低	**紧急但不重要** 日常必须要处理的事情 电话应对、事务处理、软件更新等	**不紧急也不重要** 用这个时间段享受的事情 饮酒会、玩游戏等

重要度

图9 紧急度和重要度的矩阵

通过这样进行脚本法，将"废止例会，将业务高效化"的计划的结果分析出来。

5.6 省下时间去做真正有用的事

大家都说这个很重要，所以要做。大家都说这个好，所以要做。

你是不是也做过这种事情？

这种情况既说不上批判性，也说不上逻辑性。实际上"批判性思考"和"逻辑思考"，会将我们从那些不需要做的事情中解放出来，明确我们"真正要做的事情"。

我在咨询公司的时候，管理层常常对老技术员工说"多用你们的头脑思考，产生一些创造性的想法"。解决方案就是，建立可以促进创造性思维的研修班，希望他们可以考虑研修项目。

看起来这个方案好像没有问题，但"技术员工有必要培养创造性思维吗"，或者"对技术员工来说创造性思维到底是什么"等问题也是很重要的。

然后我们知道，这个企业中的老技术员工，在将年轻技术员工的想法具体化的时候，会发现他们想法中的漏洞然后进行补足；出现新课题的时候，就应用现有的经验来提供意见，这些都是企业的核心知识竞争力。这些知识是否能切实地传达给年轻技术员工，才是这个企业本质的课题，对这个问题的解决是维持企业竞争力的关键。

看起来管理层的要求，是受到了其他企业对技术人员也进行创造性思维和强化市场竞争力的研修的刺激，也想在自己企业进行研修，但是跟周围的人做一样的事情，并不能算是创造性思维。

这个事例告诉我们，"批判性思考"和"逻辑思考"是在开展某些新的工作时，可以明确"原本什么才是真正应该做的事情"，以及"现在真正要做的事情是什么"。

在职场上和个人生活中，我们都会被各种信息笼罩，逐渐就会想"做一些新的事情"，但正因为如此，才要让自己的时间高效利用，用"批判性思考"和"逻辑思考"来想清楚什么才是"真正要做的事情"。

5.7　了解"逻辑思考"的不足之处

逻辑思考不仅在职场上，对整个人生都有很大的积极意义。

拙作《麦肯锡工作法》中提到，我自己原本不是擅长逻辑思考的人，而是更重视感觉的人，会想"这个咖啡馆气氛很舒服，在这里开会的话工作应该会有进展吧"之类的事情。

而现在我可以在工作中独当一面，正是因为彻底深入了麦肯锡的"真正的逻辑思考"的缘故。

逻辑思考还有假的吗？当然有，虽然称不上假，但事实上也会出现无法得出结果的情况，让人不禁质疑"真的是这样吗"。

这种情况就是"为了逻辑思考而进行逻辑思考"。比如顾客寄来了非常愤怒的投诉邮件，你还要刻意去想"真正的问题是什么呢"，这种"理论上的正确"，在应对客户方面是"不正确的"。

这种时候，应当不管三七二十一，先进行真挚的道歉。

还有针对某些问题的解决方案是否正确而进行的刻板的逻辑思考。

无论什么情况下发生了A现象，都用固定的方法对应。看上去是高效处理问题的方法，但缺乏"用这种方法真的好吗"的批判性思考。

彻底学会了"真正的逻辑思考"，就会批判性地思考当下的情况，在看透问题本质的基础上，反过来用直觉去想"这个事情用其他的应对方式可能会比较好"，也许反而会得到更好的效果。

总而言之，"真正的逻辑思考"是养成逻辑思考的习惯，有意识地进行批判性思维，有逻辑地证明敏锐的"直觉"的正确性。

希望阅读完本书的各位，都可以学会"批判性思考（通过深刻洞察得出自己的想法），逻辑性展开（用简单易懂的方式表达）"这一逻辑思考方法，成为可以让自己的创造性直觉和想法成为现实的人。

后　记

"网上评价很高啊，就用这个方案吧。"

如果大家在做新商品和服务的企划时，不知道该进行 A 方案还是 B 方案，也许就会参考网上类似商品服务的评价吧。

或者在个人生活中，决定想买的东西或者想去的店时，也会去看网上的评价吧。

"可以作为数据看，应该不会有问题吧？"有这种想法的人也大有人在，但原本网上的评价和数据全部都合适吗？这确实是个疑问。

这些来自不同属性和类别（价值观、兴趣爱好等个人模式）的人的评价可能会五花八门，观点各异，这种情况也是很常见的。但是，如果真的完全以网上的评价为"前提条件"而行动的话，就称不上真正意义上的"好好思考"了吧。

现在社会上有些人会盲目相信排行榜和数据、盲目听信他人的意见，这样的想法太过绝对了，会束缚大家的想法和行动。

大家是不是也会这么想呢？"这个可能不错"——脑海中浮现这种想法的瞬间，马上就产生了兴奋不已向前冲的活力，但上司、前辈或者朋友都说"这个没有数据，我觉得不太好办"，否定了你的想法，那一瞬间，你又变得萎靡不已……

这真是非常奇怪的事情。

原本的逻辑思维，不是要让你的想法被对方拒绝或者喝止，而是要在工作和个人生活中，增强别人对你的赞同。

也就是说，真正的逻辑思维是在工作和生活中遇到困难的时候促进你去行动，会让你想到"如果这么去想呢"，这样来打开自己的事业，想到"啊，有主意了"，然后重新得到向前的力量。

但是最初的逻辑思维和回答得到"数据上是不可能的""没有这方面的实际成果"，而造成新的想法不得不放弃，或者不得不被放弃的情况，也是非常令人遗憾的。

根据数据来行动并不是"逻辑思维"。数据至多只是批判性观察的对象。

用属于自己的独特之处来一鼓作气，导出想法来，才是逻辑思考的真正价值，才是它真正的有趣之处。

希望大家能够产生让他人说出"这个很有趣"的"灵光一闪"和"直觉"，并且身体力行。本书如果在这方面对大家有所帮助，我会感到非常开心。

大岛祥誉

2014 年 4 月

参考文献

[1] ジョエル・バーカー. パラダイムの魔力 [M]. 東京：日経 BP,2014.

[2] 吉田たかよし.「怒り」を上手に消す技術 [M]. 東京：SB文庫,2011.

[3] 岩村暢子.「親の顔が見てみたい！」調査——家族を変えた昭和の生活史 [M]. 東京：中公文庫,2010.

出版后记

　　麦肯锡是商界公认的人才培训大本营，但这家全球顶级的咨询管理公司员工的平均工作年限竟然只有3～5年，更让人诧异的是，这些员工从麦肯锡离职后，都还继续以麦肯锡"毕业生"的身份活跃在各个领域，成为各行各业的佼佼者。为什么麦肯锡能在短短几年内让职场新人"脱胎换骨"，变成商界不可多得的人才？麦肯锡新人如何获得受用一生的超强工作力？

　　秘密就在于麦肯锡的新人培训。商界的风云人物大前研一、吉姆·柯林斯等，都是麦肯锡公司的毕业生，也都曾是麦肯锡新人培训的受益者。从麦肯锡历练出的卓越思维能力在他们的整个职业生涯中都发挥着重要的作用，每当思维卡壳时，头脑不清楚无法做判断时，遭遇挫折心灰意冷时，从麦肯锡磨炼出的工作技能都会帮助他们重新获得向前的力量。

　　在本书中，麦肯锡前咨询师大岛祥誉着重为我们讲解的是麦肯锡新人培训计划中最精华的部分——逻辑思考术。她认为："如果没有逻辑思考，商务就无法前进哪怕一毫米的距离。"麦肯锡的"逻辑思考"究竟有什么神奇之处呢？它其实跟我们通常认为的"逻辑思考"含义有所不同，麦肯锡逻辑思考的功用是"为创造性思维提供助力"。为什么有些人看起来很聪明却在工作与生活中处处碰壁？为什么年轻人满怀热情去创业却总是败得很惨？为什么你说的明明都对，但就是无法得到对方的赞同……麦肯锡逻辑思考将针对你在工作和生活中困惑不已的问题为你提出切实的解决方案，让你获得将"好想法"变成现实的能力。

大岛祥誉曾感慨道："迄今为止，我在职业生涯中遇到过这样那样的困难，正是借助了进入麦肯锡第一年内磨炼出的问题解决技巧或工作法，才成功地跨越了各个难关。"相信本书提供的麦肯锡式工作法，也会帮你获得在职场中勇往直前的力量。

除本书外，我们还引进了另外三本介绍麦肯锡工作术的经典之作《麦肯锡教我的思考武器》《麦肯锡教我的写作武器》《麦肯锡教我的谈判武器》，敬请关注。

服务热线：133-6631-2326　188-1142-1266
服务信箱：reader@hinabook.com

后浪出版公司

2015年4月

图书在版编目（CIP）数据

麦肯锡入职培训第一课：让职场新人一生受用的逻辑思考力 /（日）大岛祥誉著；颜彩彩译. -- 郑州：大象出版社，2019.12（2020.6重印）

ISBN 978-7-5711-0343-9

Ⅰ.①麦… Ⅱ.①大… ②颜… Ⅲ.①企业管理—职工培训—经验—美国 Ⅳ.①F279.712.3

中国版本图书馆CIP数据核字(2019)第217625号

MACKINSEY-RYU NYUSHA ICHINENME LOGICAL THINKING NO KYOKASHO
BY SACHIYO OSHIMA
Copyright © 2014 SACHIYO OSHIMA
Original Japanese edition published by SB Creative Corp.
All rights reserved
Chinese (in simplified character only) translation copyright © 2019 by Ginkgo (Beijing) Book CO., Ltd.
Chinese (in simplified character only) translation rights arranged with SB Creative Crop. through Bardon-Chinese Media Agency, Taipei.

本书中文简体版版权归银杏树下（北京）图书有限责任公司所有。

著作权合同备案号：豫著许可备字-2019-A-0154

麦肯锡入职培训第一课:让职场新人一生受用的逻辑思考力

MAIKENXI RUZHI PEIXUN DIYIKE: RANG ZHICHANG XINREN YISHENG SHOUYONG DE LUOJI SIKAOLI

［日］大岛祥誉　著
颜彩彩　译

出 版 人　王刘纯
责任编辑　王　冰
责任校对　毛　路
美术编辑　杜晓燕
封面设计　棱角视觉
出版发行　大象出版社（郑州市郑东新区祥盛街27号　邮政编码450016）
　　　　　发行科　0371-63863551　总编室 0371-65597936
网　　址　www.daxiang.cn
印　　刷　北京天宇万达印刷有限公司　电话：010-80215076
经　　销　全国新华书店
开　　本　889mm×1194mm　1/32
印　　张　4.75
版　　次　2019年12月第1版　2020年6月第2次印刷
定　　价　36.00元
若发现印、装质量问题，影响阅读，请与承印厂联系调换。